AUTISMO
Y ASPERGER
para padres
y educadores

María Susana Mosquera y cols.

AUTISMO Y ASPERGER

para padres y educadores

Bonum

Mosquera, María Susana
     Autismo y asperger para padres y educadores / María Susana
Mosquera. - 1a ed. - Ciudad Autónoma de Buenos Aires :
Bonum, 2021.
     304 p. ; 22 x 15 cm. - (Salud)

     1. Autismo Infantil. 2. Síndrome de Asperger. I. Título.
     CDD 155.41

Corrección: María Bazán Lazcano
Diseño de cubierta: Natalia Siri
Diseño de interiores: Cecilia Ricci

Av. Corrientes 6687 (C1427BPE)
Buenos Aires - Argentina
Tel./Fax: (5411) 4554-1414
ventas@editorialbonum.com.ar
www.editorialbonum.com.ar

Impreso en Argentina
Es industria argentina

A mis pacientes.

COLABORADORES

Vanesa Aiello Rocha

Licenciada en Psicología
Especialista en Psicología Clínica y Terapia Cognitiva
Especialista en Terapia Sistémico-relacional
Especialista en Terapia de Grupos
Especialista en Educación y Nuevas Tecnologías
vaiello@intramed.net

Marcela Cetti

Psicopedagoga
Magíster en Psicología Cognitiva y Aprendizaje (FLACSO)
marcelacetti@gmail.com

María del Rosario Cilurzo

Especialista en Psiquiatría Infanto-Juvenil
rosario.cilurzo@gmail.com

Sebastián Cukier

Psiquiatra Infanto-Juvenil
Cofundador de PANAACEA (Programa Argentino para Niños, Adolescentes y Adultos con Condiciones del Espectro Autista)
Coordinador de investigación en PANAACEA
sebastiancukier@hotmail.com

Lucila Echenique

Licenciada en Psicología (UBA)
Coordinadora y terapeuta en tratamientos de personas con TEA y otros trastornos en el desarrollo
Directora de Casa Bambú en San Miguel
Creadora de las plataformas Materiales para tratamientos TEA y TecnoyTEA en redes sociales. Creadora de Mujeres TEA, la primera red virtual en español sobre el autismo en femenino
echeniquelucila@gmail.com

Marisa Gandsas

Especialista en Pediatría
Especialista en Psiquiatría Infanto-Juvenil
mgandsas@gmail.com

Perla Levi

Psicomotricista
mpb@hotmail.com

Alejandro Masip

Padre de un adolescente con síndrome de Asperger
alejandromasip@hotmail.com

María Beatriz Moyano

Médica Diploma de Honor (UBA)
Especialista en Psiquiatría
Especialista en Psiquiatría Infanto-Juvenil
Directora del Centro Interdisciplinario de Tourette, TOC,
TDAH y Trastornos Asociados (CITA)
Magíster en Psicofarmacología y Neurociencias y profesora de la maestría del mismo nombre en la Universidad Favaloro
Exvicepresidenta de la Asociación Argentina de Trastornos de Ansiedad (AATA)
Profesora de la Maestría en Neuropsicología del Hospital Italiano
Profesora del Posgrado de Psicoterapia Integrativa PNIE de la Universidad Católica de Montevideo
Presidenta del Capítulo Investigación en Psiquiatría de la Asociación de Psiquiatras Argentinos (APSA)
Representante por Sudamérica de la Sección Infanto-Juvenil de la World Psychiatric Association (WPA)
Miembro de Comisión Directiva de la Asociación Argentina de Psiquiatría Infanto-Juvenil (AAPI) y de la Asociación de Psicoterapia Integrativa Argentina (IAPI)
Miembro de la Academia Americana de Psiquiatría Infantil (AACAP)

Miembro de la Asociación de Psicofarmacología y Neurociencias de la Universidad Favaloro (APNA)

Terapeuta con entrenamiento en terapia cognitivo-conductual, *mindfulness* y *compasion*, terapias contextuales, terapia localizada en *compasion* y en el programa de *mindfulness* para niños y adolescentes "La atención funciona"

Fundadora y coordinadora del grupo de trabajo Mindfulness y Neurociencias Contemplativas de APSA

Profesora del Diplomado de Mindfulness de la Universidad de Belgrano

Profesora de la Universidad del Flores

moyanomariabeatriz@gmail.com

beatrizmoyano@citaargentina.com.ar

María de los Ángeles Matos

Licenciada en Psicología (UBA)

Psicóloga del Centro Interdisciplinario de Tourette y trastornos asociados (CITA)

Docente en los cursos de capacitación a profesionales de CITA

Coautora del libro *Ansiedad, TOC y conductas problemáticas en autismo*, Paidós, 2019

Docente del Curso intensivo anual de trastornos de ansiedad (AATA)

Docente del Posgrado en Neuropsicología Infantil del Aprendizaje de la Fundación Favaloro

Becaria de iniciación del CONICET. 1997-2001

Psicóloga del Centro Interdisciplinario de Tourette, TOC, TDAH y Trastornos Asociados (CITA)

amatos@citaargentina.com.ar

María Eugenia Piñol

Madre de un joven con síndrome de Asperger
mauge@i-oftalmologica.com

María Belén Prieto

Licenciada en Psicología (UBA)
Terapeuta cognitivo-conductual
Entrenadora certificada en la técnica cbit para el manejo de
los tics por la Behaviour Therapy Institute - UCLA
Posgrado en Intervención temprana en autismo - Instituto
Universitario del Hospital Italiano de Buenos Aires
Coautora del libro *Ansiedad, TOC y conductas problemáticas en autismo*, Paidós, 2019
Pertenece al equipo de CITA (Centro Interdisciplinario de
Tourette, TOC, TDAH y Trastornos Asociados)
Miembro del equipo de trastornos del espectro del autismo
del Hospital Italiano de Buenos Aires
mbprieto@citaargentina.com.ar

Mariana Treibel

Especialista en Psiquiatría Infanto-Juvenil
Miembro de la Asociación Argentina de Psiquiatría Infantil
mariana_treibel@hotmail.com

ÍNDICE

PARTE **1**

1.

2.

3.

El síndrome de Asperger se presenta en más de 37 millones de personas en todo el mundo. Se caracteriza por dificultades en la interacción social y en la comunicación, junto con patrones restringidos de conductas e intereses. Hay alteraciones en el procesamiento sensorial y de la información, un lenguaje a menudo excesivamente formal, alteraciones en el tono de la voz y en la prosodia, y dificultades en el uso del lenguaje, en la pragmática. Es característica la literalidad y la dificultad en comprender chistes e ironías. También se presentan torpeza motriz e hipo e hiperreactividades sensoriales.

Pero las personas con síndrome de Asperger no solo tienen desventajas y dificultades, también tienen muchos aspectos positivos y características extremadamente valiosas. Suelen ser personas leales, confiables, más preocupadas por la fidelidad al deber que por ambiciones personales, difícilmente influenciables por las opiniones de otros, imparciales, sinceras y genuinas. Son particularmente buenas para observar y recordar detalles y pueden ser verdaderos expertos en sus temas de interés. Pueden ofrecer soluciones innovadoras y creativas a los problemas gracias a su forma especial de inteligencia.

Desde su descripción por Hans Asperger en 1944 hasta la fecha, se han hecho grandes avances en su comprensión y en la manera en que se trata a las personas con el síndrome que, de trastorno, ha pasado a ser una forma de personalidad. Se ha dicho que Alexander Graham Bell, Benjamin Franklin, Albert Einstein, Bertrand Russell, Alan Turing, Bill Gates, Andy Warhol, Béla Bartók, Emily Dickinson, Franz Kafka, Henry Ford y Charles Schultz, entre muchos otros, habrían podido ser diagnosticados.

El propósito del libro es abordar algunos aspectos como la historia, las características, el diagnóstico, las causas posibles, el mecanismo de producción, las condiciones asociadas y, fundamentalmente, realizar un enfoque práctico y sucinto de lo mucho que puede hacerse en el hogar y en el aula, del trabajo con los docentes, los padres y los pares. Para ello colaboraron especialistas con gran experiencia y altamente calificados en cada una de las áreas a desarrollar.

En el apartado de historia, se repasarán los orígenes del término autismo, las primeras descripciones de casos de Kanner y Asperger y cómo se pasó de teorías estigmatizadoras y culpabilizantes para los padres (fundamentalmente para las madres) a los descubrimientos de las neurociencias, que ubican al autismo y al síndrome de Asperger dentro de los trastornos del neurodesarrollo.

Las características que se abordarán se reunirán en cuatro grupos: interacción social, intereses y conducta repetitivos y restringidos, habla y lenguaje, y percepción sensorial y motricidad.

En lo que concierne a las causas, se hará alusión a hallazgos genéticos, diferencias neurobiológicas entre el cerebro autista y el neurológicamente típico y a cuestiones medioambientales.

En referencia al mecanismo de producción de esta condición, se explicarán la teoría del déficit de conectividad cerebral (sustrato biológico), como causa de los fallos en la teoría de la coherencia central (hipótesis de mecanismo de producción), y la teoría de las neuronas espejo, en relación con los fallos en la cognición social y en la teoría de la mente.

El diagnóstico de las condiciones del espectro autista (CEA) cuenta con herramientas validadas y muy útiles como la entrevista semiestructurada ADI-R, que se realiza a los padres, y la escala de observación ADOS, que se aplica a niños. Existen, por otra parte, escalas de tamizaje para la población general, que pueden utilizarse también en el ámbito escolar y que es importante conocer. Por tal motivo, haremos espacio a su introducción.

Teniendo en cuenta que el síndrome de Asperger puede ser pasado por alto en la infancia o adolescencia, también haremos mención a características propias del cuadro en la edad adulta y a cómo diagnosticarlo en esa etapa.

Es crucial, en todas las áreas de la salud mental, realizar un correcto diagnóstico diferencial de las condiciones a tratar. Nos focalizaremos especialmente en el trastorno obsesivo-compulsivo.

También, aludiremos a una controversia: ¿existen realmente más casos de condiciones del espectro autista o lo que aumentó es el diagnóstico?

Respecto de los tratamientos posibles, nos enfocaremos, en primer lugar, en los tratamientos destinados a mejorar la sociocomunicación, como el tratamiento psicológico (aludiendo a abordajes específicos como la terapia cognitivo-conductual, el análisis conductual aplicado, el modelo DIR o Floortime y el modelo Denver) y el neurolingüístico, las historias sociales y los grupos de habilidades sociales; y en segundo lugar, en las terapias específicas para la integración sensorial, los problemas de motricidad y el déficit atencional, que es muchas veces concomitante, sin olvidar que, debido a sus peculiaridades, estos pacientes suelen sufrir trastornos de ansiedad y depresión, que necesitan a su vez un abordaje adecuado.

Además, siendo la institución educativa el lugar por excelencia del niño, se desarrollarán formas y pautas de trabajo para docentes y pares y alternativas para una integración escolar efectiva, realista y provechosa.

Espero que lo volcado en el libro sea de utilidad para los docentes que día a día se esfuerzan por comprender, guiar, acompañar y enseñar a personas con características muy diversas, y que pueden constituir la primera línea de detección de esta condición y ser así un eslabón imprescindible de la cadena de apoyos que harán de estas personas seres felices, plenos e incluidos en la sociedad. También va dirigido al público general, a todos aquellos que buscan día a día estar más cerca de sus semejantes, conocer sus particularidades y enriquecerse con su originalidad.

PARTE

1

¿CÓMO COMPRENDER EL SÍNDROME DE ASPERGER? HISTORIA, CARACTERÍSTICAS Y MANIFESTACIONES CLÍNICAS

por MARÍA SUSANA MOSQUERA

El diagnóstico de síndrome de Asperger ya no tendría sentido… Según el DSM V, la categoría diagnóstica para los pacientes que antes reunían criterios para esa condición es la de trastornos del espectro autista. Sin embargo, a lo largo de los años fueron acumulándose conocimientos acerca de las posibilidades de ayudar a estos pacientes, reunidos bajo este diagnóstico. Por ende, muchos profesionales aún utilizan esta terminología.

En el libro se hablará tanto de síndrome de Asperger como de autismo, trastornos del espectro autista y condiciones del espectro autista para respetar las fuentes bibliográficas y ser lo más precisos posible. La última diferenciación implica intentar borrar el estigma de "tener un trastorno" y pasar a ser dueño de una condición.

Aunque Hans Asperger lo describió por primera vez en 1944, no fue hasta 1994 que el síndrome de Asperger fue incluido en la cuarta edición del *Manual diagnóstico y estadístico de los trastornos mentales*, para desaparecer en su quinta edición, en 2013, al ser englobado dentro de los trastornos del espectro autista. Durante su breve existencia como entidad diagnóstica, el síndrome de Asperger despertó inmenso interés y controversia. Al igual que los pacientes con autismo, los pacientes con síndrome de Asperger muestran déficits en la interacción social, habilidades comunicativas inapropiadas e intereses restringidos, pero también evidencian una amplia variedad de características clínicas sutiles que para muchos distinguen el síndrome de Asperger del autismo. Sin embargo, las dificultades para diferenciarlos llevaron a la convergencia en la categoría unificadora de trastornos del espectro autista.

La entrada del autismo y del síndrome de Asperger en la historia de la psicopatología estuvo marcada por coincidencias extraordinarias. Ambos trastornos fueron descriptos por primera vez por Kanner (1943) y Asperger (1944), respectivamente. Ambos fueron médicos nacidos en Austria y, aunque no eran conscientes de la existencia de los escritos del otro, utilizaron el término "autista" para describir a un grupo particular de niños que compartían rasgos de alteración en la interacción social e intereses y conductas restrictivos y repetitivos. Tanto Kanner como Asperger tomaron el término "autista" de Eugen Bleuler, quien lo utilizó en su trabajo *Demencia precoz o el grupo de las esquizofrenias* para describir el aislamiento social extremo y el egocentrismo en pacientes con esquizofrenia. Más aún, ambos autores enfatizaron que el síndrome que estaban describiendo difería de la esquizofrenia infantil y juvenil por manifestarse desde el nacimiento y mejorar (en términos de interacción social) con el crecimiento, en contraste con el curso habitual de la esquizofrenia.

Mientras que el síndrome de Kanner logró incluirse en la tercera edición del *Manual diagnóstico y estadístico de los trastornos mentales* (DSM-III), el trabajo de Asperger, publicado en alemán, permaneció virtualmente desconocido para la comunidad científica por casi medio siglo. En efecto, la primera traducción al inglés del artículo de Asperger "Die Autistischen Psychopathen im Kindesalter" apareció por primera vez en el libro de 1991 de Uta Frith *Autismo y síndrome de Asperger.*

El síndrome de Asperger ya había sido descripto en 1981 por Lorna Wing, quien fue la primera en proponer el término para referirse a un subgrupo especial de niños que, de acuerdo a la descripción original de Asperger, se caracterizaba por evidenciar aislamiento social y falta de reciprocidad en las interacciones sociales, adquisición normal o precoz del lenguaje, con habilidades lingüísticas por encima del promedio, pero con anormalidades sutiles en la comunicación verbal y no verbal (por ejemplo, sintaxis atípica, vocabulario pedante y prosodia estereotipada), un foco de intereses estrecho, a menudo dirigido hacia temas muy originales y poco prácticos, rendimiento por encima de lo esperado en algunas áreas cognitivas y torpeza motriz.

A diferencia de Kanner, Asperger no intentó definir criterios diagnósticos para el síndrome que estaba describiendo. Más aún, enfatizó en gran medida rasgos positivos sutiles en sus pacientes: ellos a menudo tenían un pensamiento extremadamente original, tendían a cultivar intereses abstractos e intelectualizados, manifestaban, en las propias palabras de Asperger, "una rara madurez en el gusto por el arte", e incluso una apariencia física peculiar, fascinante. Las cautivantes descripciones de Asperger de sus pacientes jugaron ciertamente un rol decisivo en la historia del síndrome que lleva su nombre, especialmente por su contraste con los escritos recriminatorios de Kanner sobre las "madres- heladera" y el origen del autismo.

Rápidamente se formó la idea de que el autismo de Kanner y el síndrome de Asperger eran trastornos diferentes, que se distinguían principalmente por el hecho de que los niños con SA tenían buenas habilidades lingüísticas y cognitivas y un desarrollo normal en los primeros 2-3 años de vida, aunque esto no sea del todo cierto. Más aún, para muchos autores la alteración en la interacción social difería cualitativamente entre el síndrome de Asperger y el autismo: mientras que en el último los niños parecían completamente desinteresados de los otros, los niños con síndrome de Asperger intentaban relacionarse con los demás, pero se les acercaban de manera inconveniente y disfuncional.

La consagración del síndrome de Asperger como un diagnóstico distintivo estuvo rodeada de controversias desde sus inicios. El principal problema fue la precedencia que se le asignó al diagnóstico de autismo. Pronto fue muy claro que la mayoría de los pacientes con afectación severa en la interacción social y restricción de los intereses y actividades también cumplían los criterios para el trastorno autista, imposibilitando el diagnóstico de síndrome de Asperger. El requerimiento de un desarrollo cognitivo y lingüístico normal falló en rescatar el síndrome de Asperger por la simple razón de que el retraso cognitivo y lingüístico no son obligatorios para diagnosticar el trastorno autista.

Las diferencias clínicas entre el síndrome de Asperger y el autismo de alto funcionamiento mostraron ser, como mucho, sutiles. Los sujetos con síndrome de Asperger tenían un desarrollo más temprano del lenguaje, una entonación más apropiada y un vocabulario más pedante e idiosincrático, mientras que los que presentaban autismo de alto funcionamiento mostraban más ecolalia, reversión pronominal y neologismos. Los niños con síndrome de Asperger también desplegaban más juego imaginativo, atención y búsqueda de ayuda e interacciones sociales recíprocas que los niños con autismo de alto funcionamiento. Hacia la adolescencia, las diferencias ya no eran obvias, aunque los sujetos con síndrome de Asperger aún mostraban un vocabulario más sofisticado y mayor deseo de tener amistades. Cognitivamente, como grupo, los sujetos con síndrome de Asperger evidenciaban típicamente una combinación de desempeño verbal superior y déficits visoespaciales, perceptuales y motores (perfil de afectación del aprendizaje no verbal), mientras que el perfil opuesto caracterizaba a los sujetos con autismo de alto funcionamiento.

Sin embargo, a pesar de algunas diferencias clínicas y biológicas entre el síndrome de Asperger y el autismo de alto funcionamiento, el grupo de expertos en los trastornos del neurodesarrollo del DSM-5 finalmente decidió que la evidencia era insuficiente para sostener una distinción significativa entre ellos. El DSM-5 hizo entonces converger al síndrome de Asperger en la categoría de los trastornos del espectro autista, caracterizados por una díada obligatoria de alteración en la interacción social y la comunicación e intereses y conductas restringidos y repetitivos.

Muchos pacientes y familias, así como adeptos al movimiento de la neurodiversidad, se sintieron *shockeados* de que tal diagnóstico, que definía identidades, hubiera dejado de existir de la noche a la mañana. Las preocupaciones también fueron alimentadas por la inclusión de un nuevo diagnóstico en el DSM-5, el trastorno sociopragmático de la comunicación.

Pero sin importar si existirá o no un futuro para el síndrome de Asperger como un constructo clínico significativo y válido, su corta existencia tuvo el innegable mérito de estimular la fascinación del público con el autismo.

Un neurólogo y divulgador genial se interesó mucho por el autismo y el síndrome de Asperger en particular. Este neurólogo, fallecido hace muy poco, es Oliver Sacks, autor, entre otros libros, de *Despertares* y de *Un antropólogo en Marte*. En retratos matizados de personas autistas como el artista Stephen Wiltshire y la diseñadora industrial Temple Grandin, Sacks ilustra los desafíos que afrontan en sus vidas cotidianas, al tiempo que rinde tributo a su manera de aplicar los puntos fuertes de sus mentes atípicas a su trabajo. "No hay dos personas autistas iguales: la forma precisa o la expresión del autismo es distinta en cada caso", escribió Sacks. Es más, puede darse una interacción intrincada (y potencialmente creativa) entre los rasgos autistas y las otras cualidades del individuo, de manera que, mientras que un simple vistazo puede ser suficiente para emitir un diagnóstico clínico, si pretendemos entender al individuo autista, es imprescindible conocer toda su biografía.

Temple Grandin, anteriormente mencionada, escribió *Pensar en imágenes*, una de esas biografías escritas desde dentro. A Grandin, quien no aprendió a hablar hasta los cuatro años, le diagnosticaron inicialmente una lesión cerebral, un error habitual en los tiempos en los que el autismo era un gran desconocido incluso entre los profesionales médicos. Alentada por su madre y por un profesor de ciencias muy comprensivo, Grandin transformó su amistad instintiva con los animales en un conjunto de habilidades prácticas que le permitieron prosperar en el diseño de instalaciones para el sector ganadero. En lugar de la típica fábula inspiradora acerca de una persona extraordinaria que "triunfa" por encima de una condición médica trágica, *Pensar en imágenes* relata cómo Grandin llegó a contemplar su autismo como una incapacidad, pero también como un don, y a concebirse a sí misma como "diferente, no inferior".

Un investigador reconocido en el tema, Simon Baron-Cohen, descubrió que existían altas probabilidades de que los padres y abuelos de niños con autismo fueran ingenieros. ¿Podría el apareamiento selectivo entre hombres y mujeres que transmiten genes del autismo ser el responsable del número creciente de diagnósticos en Silicon Valley?

Steve Silberman, un periodista que ganó un importante premio literario por su libro *Autismo y Asperger. Otras maneras de entender el mundo*, cita algunos ejemplos característicos de personas con esta condición y recoge testimonios de personas que se reconocieron a sí mismas o a un hijo, profesor o familiar. Es interesante citar algunos de ellos:

"Mi primer profesor de informática es capaz de jugar cuatro partidas de ajedrez simultáneamente e imponerse a todos sus rivales. Siempre sabe cuál será el coste total de la compra en el supermercado, incluidos los impuestos sobre el valor agregado, antes de ponerse en la cola para pagar. Pero a su hijo le cuesta establecer contacto visual".

"A los cinco años de edad me dedicaba a desmontar los juguetes electrónicos para averiguar cómo funcionaban. (También intentaba volverlos a montar, con resultados variados). Siempre he sido un lector voraz. En segundo de primaria leía libros de física de instituto que adquiría en las ventas de segunda mano en garajes. Solía incordiar a mi padre hasta el hastío con mis propuestas constantes de construir maquetas a escala de reactores nucleares, submarinos, trenes y todo lo imaginable. Solo he tenido grupos muy reducidos de amigos íntimos. Siempre me había extrañado, pero nunca supe cómo corregirlo. Si he de ser sincero, la mayoría de las personas se me antojan bastante molestas e ilógicas…, probablemente otro rasgo Asperger común".

Silberman cita a la madre de un adolescente con síndrome de Asperger: "Tengo un hijo de 12 años. Asiste a cursos de matemáticas y ciencias aceleradas. Su pasatiempo es memorizar datos y cifras acerca de la aviación civil y militar que se remontan hasta la Primera Guerra Mundial. Siempre ha sentido fascinación por los relojes. Como seguramente habrá adivinado, tiene síndrome de Asperger. Siempre me he preguntado: ¿por qué mi hijo es como es?". En este libro intentaremos dar algunas respuestas a preguntas como estas.

Bibliografía

APA (2014). *DSM-5 Manual diagnóstico y estadístico de los trastornos mentales.* Argentina: Editorial Médica Panamericana.

Barahona-Correa, J.; Filipe, C. A. (2016), "Concise History of Asperger Syndrome: The Short Reign of a Troublesome Diagnosis". *Frontiers in Psychology*, Jan 25, 6: 2024. DOI: https://www.doi.org/10.3389/fpsyg.2015.02024.

Dell´Osso, L., Lucke, R. (2016). "From Asperger´s Autistischen Psychopathen to DSM-5 Autism Spectrum Disorder and Beyond: A Subthreshold Autism Spectrum Model". *Clin Pract Epidemiol Ment Health*, Nov 3, 12: 120-131.

Mc Partland, J.; Volkmar, F. (2012). "Autism and Related Disorders". *Handb Clin Neurol*, 106: 407-418.

Sacks, O. (1995). *An Anthropologist on Mars.* Great Britain, Picador.

Silberman, S. (2016). *Autismo y asperger. Otras maneras de entender el mundo.* 1ra ed. Ciudad Autónoma de Buenos Aires: Ariel pp. 19-24.

Stankovic, M, Lakic, A. (2012). "Autism and Autistic Spectrum Disorders in the Context of New DSM-V Classification, and Clinical and Epidemiological Data". *Srpski Arhiv Za Celokupno Lekarstvo*, Mar-Apr, 140 (3-4): 236-243.

2

¿HAY MÁS CASOS DE TRASTORNOS DEL ESPECTRO AUTISTA?

por MARÍA SUSANA MOSQUERA

La prevalencia es un término que se refiere al número total de casos de una condición determinada en la población. Para tomar una cifra que se usa de referencia en gran parte del mundo, consideremos la prevalencia que estiman los Centros de Control de las Enfermedades (CDC) de Estados Unidos, que en 2018 era de 1 en 59. Para Autismo Europa, en 2012, era de 1 en 100.

Hay una tendencia creciente de la cifra de prevalencia en los últimos 20 años, y algunos señalan un aumento de prevalencia mayor al 600%.

¿Por qué ahora hay más niños con diagnóstico de trastorno del espectro autista que antes? Hay fundamentaciones que explicarían un 50% de este aumento, y en este sentido tenemos tres razones principales de aumento de prevalencia. En primer lugar, hay una creciente concientización de los profesionales y de la población general. En segundo lugar, ubicamos los cambios en las clasificaciones diagnósticas, y cómo al cambiar los criterios diagnósticos podemos ampliar el alcance de las categorías diagnósticas. En su momento, el DSM-IV (manual diagnóstico y estadístico de los trastornos mentales) propuso categorías más amplias que el manual anterior, lo que trajo como consecuencia que más personas fueran incluidas dentro del espectro autista. En tercer lugar, tenemos el efecto de sustitución diagnóstica a lo largo del tiempo, que hace referencia al hecho de que en el pasado había personas que recibían otro diagnóstico, y que, si hoy fueran evaluadas, recibirían el diagnóstico de condiciones del espectro autista (CEA).

La explicación para el otro 50% de este aumento se relaciona con la investigación de factores de riesgo. Algunos investigadores proponen que el aumento de la prevalencia de CEA tiene que ver con factores ambientales y su incidencia en el neurodesarrollo temprano. Aquí podemos incluir varios interrogantes en torno a lo que comemos, a lo que estamos expuestos, al uso de dispositivos electrónicos, a la transmisión intergeneracional y muchas preguntas más.

La diferencia de prevalencia entre varones y mujeres se situaría en el orden de 4:1. Sin embargo, recientes estudios muestran que esta proporción puede ser más baja: 2-2.6:1, que podría atribuirse a la mejoría en las habilidades diagnósticas de los profesionales de la salud mental, así como en la revisión de los elementos diagnósticos, que se explicarán en el capítulo pertinente.

Debido a que las mujeres se diagnostican con menos frecuencia, también es menor la investigación con mujeres. ¿Por qué se diagnostican menos? Una de las teorías actuales asume que el nivel más alto de oxitocina, un neuromodulador involucrado en el vínculo social, tiene un efecto protector de la manifestación de los rasgos autistas en las niñas. Hasta cierto punto, podría explicar por qué los rasgos autistas son menos severos en comparación con los de los varones. Por otra parte, se observó que las mujeres tienen más autoconciencia y hacen un mayor esfuerzo por camuflar sus déficits.

En un estudio polaco, se describió que las mujeres tenían mejores resultados en la sección de comunicación del ADOS-2 y, por ende, muchas mujeres caerían por fuera del espectro autista en esa evaluación.

Los hallazgos clínicos sugieren que las mujeres con Asperger tienen más anormalidades en el perfil sensorial, presentan menos conductas repetitivas, sus habilidades lingüísticas son mejores y tienen mayor riesgo de desarrollar ansiedad, depresión, ideación suicida y de llegar a la hospitalización psiquiátrica. Los varones, por el contrario, tienen mayor riesgo de padecer trastorno por déficit de atención con hiperactividad, trastorno obsesivo-compulsivo y tics.

Bibliografía

CONFEDERACIÓN ASPERGER ESPAÑA. "Origen del síndrome y epidemiología". https://www.asperger.es/index.php?V_dir=MSC&V_mod=showart&cmd=print&id=164.

HALLADAY, A.; BISHOP, S. (2015). "Sex and Gender Differences in Autism Spectrum Disorders: Summarizing Evidence Gaps and Identifying Emerging Areas of Priority". *Mol Autism*, 6: 36-40.

RATTAZZI, A. (2018). *Sé amable con el autismo*. Buenos Aires: Grijalbo, pp. 65-68.

RYNKIEWICZ, A.; LUCKA, I. (2018). "Autism Spectrum Disorder in Girls. Co-ocurring psychopathology. Sex differences in clinical manifestations". *Pychiatr Pol*, Aug 24, 52 (4): 629-639.

3.
POSIBLES CAUSAS Y MECANISMOS DE PRODUCCIÓN DE LOS SÍNTOMAS DEL AUTISMO

por MARÍA SUSANA MOSQUERA

La causalidad es la relación por la cual un evento, proceso o estado, llamado causa, contribuye a la producción de otro evento, proceso o estado, llamado efecto. En medicina, muchas veces esta relación no puede establecerse con certeza, es decir, no se puede comprobar que el efecto haya sido producto de la causa propuesta. Por eso, a menudo solo podemos hablar de asociación. La dependencia estadística que existe entre dos o más factores (eventos, procesos o estados), donde la ocurrencia de un factor aumenta o disminuye a medida que varía otro, hace a la definición de asociación. El estudio de las asociaciones es el que lleva al descubrimiento de las causas.

En este capítulo vamos a introducirnos en el estudio de las posibles causas, o causas en estudio del autismo y en los probables mecanismos de su producción.

Se propuso al autismo como un trastorno del neurodesarrollo de la lectura de la mente.

Una anécdota referida por Francesca Happé, especialista en el tema, en uno de sus artículos, ilustra este concepto. "Nuestra hija Poppy, de dos años y medio, exclamó deleitada: ¡La abu pensó que el Sr Moon era papá!, cuando su abuela abrió la puerta esperando una persona y encontró, para su sorpresa, un visitante diferente e inesperado. Este recuerdo se me quedó grabado porque fue una demostración espontánea de la teoría de la mente, la atribución de estados mentales para explicar (o predecir) la conducta. Este ejemplo muestra que Poppy pudo rastrear lo que pensó su abuela, incluso cuando el pensamiento era erróneo o diferente del suyo".

Los estudios de la interacción de deambuladores y conversaciones de estados mentales sugieren una rica apreciación de otras mentes. Ya a los 15 meses, los niños pueden rastrear una falsa creencia.

La habilidad de lectura de la mente actúa como un portero en el desarrollo, abriendo puertas a un rango importante de habilidades. Los efectos posteriores de la lectura de la mente se encuentran, por contraste, cuando se examinan los efectos en el desarrollo de la ausencia de teoría de la mente espontánea en individuos con autismo.

Algunos individuos con condiciones del espectro autista aciertan en las tareas de teoría de la mente, sugiriendo que la afectación de esta no es universal en las condiciones del espectro autista. Sin embargo, las medidas de conductas de mirar espontáneamente sugieren que la teoría de la mente implícita y automática está afectada aun cuando se dan respuestas verbales correctas a preguntas explícitas de creencias erróneas. Por cierto, *las personas con condiciones del espectro autista a menudo dicen que resolver una situación social es para ellos similar a realizar cálculos aritméticos complejos; cálculos lentos y conscientes que resultan laboriosos y agotadores.* También existe un debate en relación con la primacía de los déficits en la teoría de la mente en las condiciones del espectro autista, que algunos hipotetizan que son secundarias a, por ejemplo, déficits en la motivación social. Sin embargo, recientes estudios no han respaldado estas teorías.

La noción de que las condiciones del espectro autista
están principalmente caracterizadas por alteraciones en
la lectura de la mente ha resultado útil, porque atribuye
sentido al patrón particular de dificultades sociales y en
la comunicación que se ven en este grupo de personas.
Por ejemplo, los problemas para atribuir intenciones al
interlocultor pueden explicar el rango de afectaciones
en la comunicación en las condiciones del espectro autista. *La ausencia de toda comunicación tiene sentido sin
teoría de la mente; ¿para qué comunicarse si no reconocés
que hay otras mentes para hacer contacto, otros pensamientos en otras cabezas para transmitir y compartir?*

El lenguaje tiene, entre otras propiedades, una gramática y una pragmática. El término gramática es el
estudio de las reglas y principios que gobiernan el uso
de las lenguas y la organización de las palabras dentro
de las oraciones y secuencias de palabras que funcionan
como una unidad dentro de la estructura jerárquica de
la oración. La pragmática o pragmalingüística es una
rama de la lingüística que se interesa por el modo en que
el contexto influye en la interpretación del significado.

El lenguaje gramaticalmente correcto, pero pragmá-
ticamente alterado, también tiene sentido sin una teoría de la mente; frases corrientes como "Pintá al niño
que tenés cerca" o "Vamos a nadar en el micro" están
abiertas a una interpretación excesivamente literal, des-

concertante, si no se puede reconocer la intención del interlocutor. La dificultad en reconocer las intenciones de segundo orden (segundas intenciones) también explica los problemas para distinguir bromas de mentiras y del sarcasmo.

La *teoría de la mente* da cuenta de la búsqueda de *indicadores precoces* para el autismo, como la *capacidad de enfocar la atención* y el *juego simbólico*, como un signo de condición del espectro autista en el segundo año de vida.

Sin embargo, hay que reconocer que las alteraciones en la teoría de la mente no constituyen la única explicación para el autismo. Los síntomas de actividades rígidas, restringidas y repetitivas no se explican por déficits en la teoría de la mente. Por ende, se sugiere que el autismo se explica mejor como un compuesto de características cognitivas diferentes y fraccionables, incluyendo diferencias (más que déficits) en el estilo cognitivo, que predisponen a tener talento en algunas áreas donde es ventajoso enfocarse en los detalles.

Se sugiere que el reconocimiento y la representación de *estados mentales de otros* abre las puertas para el *aprendizaje social*, tanto para el aprendizaje de la *información social* como para el *aprendizaje de contenido no social a través de rutas sociales*. Debido a esto, los niños con condiciones del espectro autista presentan una trayectoria de aprendizaje diferente.

Ahora vamos a discutir brevemente tres efectos de la falta de teoría de la mente intuitiva: en el *aprendizaje de palabras*, en la *inteligencia* y en la *autoconciencia*.

Se ha demostrado que existe una sofisticación social subyacente a la adquisición temprana del lenguaje. Para aprender *palabras* y sus *significados*, los deambuladores *rastrean* la *intención del interlocutor chequeando la mirada*, los *señalamientos* y otros gestos, y *no simplemente conectan una nueva palabra a un objeto que no fue etiquetado y que es el foco de atención actual.* Los estudios experimentales sugieren que los niños con autismo *no miran* a los interlocutores *en busca de claves* para el referente (palabra) pretendido durante los paradigmas de adquisición de lenguaje en el laboratorio, sino que *aplican la nueva etiqueta al objeto de su atención (en lugar de la del observador),* lo que conduce así a errores de mapeo. Esto puede explicar los clásicos *errores de lenguaje irrelevante y metafórico* ya descriptos en 1946 por Leo Kanner; palabras o expresiones que no tienen ningún significado comunicativo aparente en la situación actual pueden asociarse con objetos o eventos pasados (por ejemplo, una niña autista que repetía "los perros no lloran" cuando estaba molesta; un niño que decía "Pedro-comensal" cuando veía cacerolas, después de experimentar cacerolas retumbando en el suelo mientras su madre recitaba "Pedro, Pedro, comensal de calabazas", una rima infantil).

Aproximadamente el 20% de los niños con condiciones del espectro autista no tiene lenguaje hablado funcional, y para el restante 80%, los déficits en la teoría de la mente sugieren que el aprendizaje de palabras se realiza en una forma fundamentalmente diferente a la de los niños con desarrollo típico o neurotípico.

Abramos un paréntesis. La palabra "neurotípico", equivalente a neurológicamente típico, es muy usada en la comunidad autista para la gente que no está en el espectro autista. Quienes sí lo están son los neurodivergentes, pero luego se hizo un uso más amplio del término, incluyendo dentro de los neurodivergentes o neuroatípicos a las personas con trastorno por déficit de atención con hiperactividad y con otros trastornos del neurodesarrollo.

Dicho esto, vayamos ahora a centrarnos en cuestiones evolutivas del lenguaje. Los padres de niños con condiciones del espectro autista informaron habla tardía (promedio de edad de 32 meses para las primeras palabras, exceptuando "mamá/papá", versus 17 meses en el grupo de desarrollo típico). Más interesante aún, el 31% de los padres de niños con condiciones del espectro autista se sorprendió por sus primeras palabras, comparado con el 7% en el grupo neurotípico. Ejemplos de primeras palabras inusuales incluyeron "dinero", y frases completas como "sobre el puente" o "las tijeras hacían snip snip". Más de la mitad de los padres de niños con condiciones del espectro autista manifestó que su hijo dijo palabras que no parecía entender cuando ellos le hablaban, versus el 11% en el grupo neurotípico.

El autismo sería también un trastorno neurobiológico de la *coherencia central*. Frith, en 1989, sugirió que un *impulso débil por la coherencia* puede ser relevante para entender aspectos del autismo. La teoría está basada en una comprensión de *cómo el procesamiento de la información ocurre típicamente en la mayoría de la gente*. En sus interacciones con el ambiente, o al recordar información, la mayoría de los individuos pueden recordar una *impresión general* o la esencia de algo, por ejemplo, una historia o una conversación. Las personas con CEA tienden a focalizarse más en el *detalle*, a *expensas de entender el significado o apreciar la naturaleza de la situación o el contexto*. La base de esta teoría es que *el procesamiento detallado de la información produce déficits en la coherencia central*.

Ahora introduzcamos la teoría de las neuronas espejo.

Un científico llamado Giacomo Rizzolatti y sus colaboradores estudiaron en los años 80 y 90 unas neuronas especializadas en el control de los movimientos de la mano y de la boca en una parte del cerebro de los monos macacos llamada córtex premotor ventral. Durante los experimentos, los investigadores permitieron que el mono alcanzara trozos de comida, y registraban la actividad eléctrica en una sola neurona del cerebro del mono por vez, midiendo la respuesta neuronal a ciertos movimientos. Estos investigadores encontraron que algunas neuronas respondían cuando el mono observaba a una persona tomar un trozo de comida, y también cuando él mismo tomaba un trozo de comida. Habían sido descubiertas las neuronas espejo.

Unos pocos años después, el mismo grupo científico publicó otro estudio que discutía el rol del sistema de neuronas espejo en el reconocimiento de las acciones, y propuso que el área del cerebro humano llamada área de Broca era homóloga a la región del córtex premotor ventral del mono.

Mientras que estos estudios informaron la presencia de neuronas espejo en respuesta a acciones de las manos, otro estudio conducido por Pier Francesco Ferrari y colaboradores describió la presencia de neuronas espejo que respondían a acciones de la boca y a gestos faciales.

En 2002, Christian Keysers y colaboradores informaron que, tanto en humanos como en monos, el sistema espejo también responde a los sonidos de las acciones.

La teoría más común detrás del origen de las neuronas espejo es que su propiedad de espejicidad se debe a factores de herencia genéticos. Cuando se planea una acción dada, se predicen sus consecuencias motrices. A través del proceso de "equivalencia motriz", también se puede utilizar esta información para predecir las consecuencias de las acciones realizadas por otros. Este *proceso de simulación motriz implícito*, automático e inconsciente posibilita al observador usar sus propios recursos para *penetrar el mundo del otro sin teorizar acerca de él*. La acción es el principio "a priori" que permite que se establezcan inicialmente los lazos sociales.

Ahora realicemos algunas consideraciones acerca de la mente social, sus teorías y la empatía. Todos los seres humanos desarrollan la capacidad de representar estados mentales en los otros por medio de un sistema conceptual comúnmente designado como teoría de la mente.

Se cree que los sistemas de mentalización y de espejo juegan roles importantes en inferir estados mentales internos de otros. Las condiciones del espectro autista se asocian con dificultades en la mentalización. Las dificultades conductuales relacionadas con la mentalización pueden explicarse por cambios en la conectividad funcional entre los sistemas de mentalización y espejo. En un estudio se les indicó a los participantes que indicaran si las acciones manuales mostradas eran torpes o malintencionadas, es decir, que juzgaran la intención de la acción y, a su vez, que indicaran si las acciones eran exitosas o no (juzgar el resultado de la acción). Se encontró alta actividad en el córtex prefrontal dorso medial y en la unión temporoparietal (regiones asociadas con la mentalización) y también en el gyrus frontal inferior y el lóbulo parietal inferior (regiones relacionadas con la función de espejo) en las tareas que distinguían si las acciones eran torpes o malintencionadas. Durante estas tareas, llamadas de mentalización, hubo un aumento de la conectividad funcional entre las regiones de mentalización y espejo en los sujetos sin condiciones del espectro autista, a diferencia de lo que sucedió en sujetos con dichas condiciones, en quienes se encontró perturbación de la conectividad.

Si bien el descubrimiento de estas células nerviosas y de la capacidad de *identificar* el *movimiento hecho* con el *movimiento percibido* es un gran avance, neurofilósofos como Patricia Churchland expresaron objeciones tanto científicas como filosóficas a la teoría de las neuronas espejo como responsables de comprender las intenciones de otros. Churchland señala que el postulado de que las neuronas espejo están involucradas en la comprensión de las intenciones (a través de la simulación de la observación de las acciones) se basa en presunciones confusas. Ella argumenta que las intenciones se comprenden o codifican a un nivel más complejo que el de las neuronas individuales. Y aclara en su libro *Braintrust*: "Una neurona, aunque es computacionalmente compleja, es solo una neurona".

Dicho esto, personalmente creo que la existencia de neuronas espejo es necesaria, pero no suficiente, para que una persona entienda las intenciones de otros.

Recientemente, Cecilia Heyes, profesora de psicología experimental de Oxford, avanzó en la teoría que dice que las neuronas espejo son el subproducto del aprendizaje asociativo y no de la evolución adaptativa. Propone que las neuronas espejo, en humanos, son el producto de la interacción social y no una adaptación evolucionista para la comprensión de la acción.

Ahora bien, ¿no es el movimiento el que lleva a la interacción social y la interacción social a más movimiento? Si así fuera, la teoría de las neuronas espejo sería aún más compleja y debería, posiblemente, integrar estas dos corrientes.

Ahora vayamos al desarrollo de este asombroso sistema. Los datos de rastreo ocular de objetos sugieren que este sistema se desarrolla antes de los 12 meses, y que desde ese momento puede ayudar al infante humano a comprender las acciones de otros. Una pregunta crítica concierne a cómo las neuronas espejo adquieren su "espejicidad", sus propiedades.

Algunos autores proclaman que hay un vínculo entre la deficiencia del sistema de neuronas espejo y el autismo. Este sistema sería funcional, pero menos sensible que el de los niños neurotípicos.

Se encontraron algunas diferencias anatómicas en áreas cerebrales relacionadas con el sistema de neuronas espejo en adultos con condiciones del espectro autista. La corteza cerebral tiene un grosor estipulado para cada área cerebral. Todas las áreas corticales *estudiadas* eran más finas, y el grado de afinamiento se correlacionó con la severidad de la sintomatología autista. Basados en estos resultados, algunos investigadores afirman que el autismo está causado por trastornos en el sistema de neuronas espejo y sus áreas relacionadas, con repercusión en las habilidades sociales, la imitación, la empatía y la teoría de la mente. Sin embargo, poca gente cree que la sintomatología autista se deba solo a un fallo en este sistema. No es un problema de todo o nada.

Ahora pasemos a explicar algunos "errores" de la neurobiología relacionados con la diferenciación entre cerebros autistas y neurotípicos.

Hay anomalías anatómicas y funcionales del cerebro, como la macrocefalia y las consecuencias funcionales de esta, que tendrían relación con el autismo.

La macrocefalia se evidencia cuando el tamaño de la cabeza es mayor al esperado por edad y sexo.

El agrandamiento causa problemas en la conexión entre regiones alejadas del cerebro. Los axones (tractos largos) unen los lóbulos frontales con unas estructuras llamadas ganglios basales, que participan en la activación motora, es decir, en la planificación, integración y control del movimiento voluntario, el aprendizaje de procedimientos y la automatización de la conducta, las funciones ejecutivas, la motivación y las emociones.

La macrocefalia también produce problemas en la conexión entre lóbulos frontales y cerebelo. Estas alteraciones pueden tener relación con la inclinación por intereses restringidos y repetitivos.

La macrocefalia no se ha relacionado con diferencias en el cociente intelectual ni en las habilidades de lenguaje.

También se encuentran pequeñas diferencias en la estructura del sistema límbico. Este es un sistema muy estudiado en neurociencia desde los tiempos de Paul Broca, quien en 1878 dejó un escrito que describía el *lóbulo límbico*. James Papez, alrededor de 1937, hizo contribuciones al tema, y Paul MacLean, médico y científico que vivió entre 1913 y 2007, primero lo llamó *cerebro visceral* y luego *sistema límbico* (1952). Este sistema, que es llamado también paleocerebro, se encuentra por dentro de los lóbulos temporales, entre los lóbulos temporales y el tálamo (tomó su nombre por estar en el *limbo* entre los hemisferios cerebrales y el tronco cerebral). Algunas estructuras que lo componen son la amígdala, el hipotálamo y el hipocampo.

Este sistema está relacionado con los instintos, la emoción, la conducta, la atención, la motivación, el procesamiento sensorial, la percepción del tiempo, la memoria a largo plazo y el olfato, entre otras funciones. Produce disfunciones en varias enfermedades y trastornos, como la epilepsia, la esquizofrenia, la bipolaridad y la depresión.

Este sistema, como hemos dicho, ayuda críticamente a la formación de memorias y también influye en el sistema endócrino y el sistema nervioso autónomo. Este último se divide en simpático y parasimpático y regula, entre otros parámetros, la presión arterial y la frecuencia cardíaca.

La vida emocional se encuentra, en gran medida, *alojada* en el sistema límbico. Sin embargo, el sistema límbico no es aisladamente responsable de la regulación de las emociones. Es muy interesante que el sistema límbico esté conectado con el córtex prefrontal, ya que esta conexión estaría relacionada con la *sensación de placer al resolver problemas.*

Hemos dicho que las conductas y los movimientos repetitivos son característicos de las condiciones del espectro autista. Parte de la explicación a este problema es que, a nivel del cerebelo, hay una disminución severa de unas neuronas llamadas células de Purkinje, que tienen una función inhibitoria e intervienen en la regulación y coordinación del movimiento, y facilitan la concentración durante los procesos de aprendizaje.

El cerebelo ha despertado gran interés, además, porque es una de las estructuras más consistentemente anormales en los trastornos del espectro autista, es decir, está frecuentemente afectado y puede conducir a una cascada de eventos que, directa o indirectamente, resultan en los síntomas conductuales y cognitivos asociados con este diagnóstico. El cerebelo, como dejamos entender, es considerado una región involucrada principalmente en el control motor y de coordinación, pero también cumple una amplia gama de funciones del dominio cognitivo, tales como la atención, la memoria de trabajo, el aprendizaje y el lenguaje.

En el cerebro, como hay áreas que se encargan principalmente del movimiento y otras de la percepción, también existen áreas de asociación, que a su vez se comunican entre ellas. En las personas con condiciones del espectro autista, hay reducción de conexiones entre áreas corticales de asociación. Esto se relacionaría con la dificultad de establecer una *teoría de coherencia central*.

Una parte del cerebro, llamada *giro fusiforme*, está relacionada con el *reconocimiento* de *emociones* en los *rostros* de las personas, y hay estudios que muestran una menor activación de esta zona en las personas con condiciones del espectro autista.

También se describe una menor activación de la corteza cerebral frontal, unión temporoparietal y cingulada cuando el individuo necesitaría considerar sentimientos, pensamientos y creencias de otras personas, es decir, cuando sería deseable que se pusiera en su lugar.

La *pars opercularis* del cerebro (relacionada con el área de Broca, región asociada al lenguaje) demuestra menor activación en algunas personas con autismo, siendo una explicación parcial de los mecanismos de funcionamiento anormal en las CEA. La *pars opercularis*, o área 44 de Brodmann, toma el nombre, en el hemisferio izquierdo, de área de Broca. Es la corteza asociativa y motora que integra los aspectos activadores o límbicos del lenguaje, los aspectos semánticos y los aspectos de planificación motora involuntaria en la iniciación del lenguaje y del habla. En el área de Broca se encuentran las neuronas encargadas de integrar los programas motores necesarios para el lenguaje oral automático o para el control del lenguaje articulado. Por su parte, el área 44 (*pars opercularis*) del lado derecho está relacionada con la prosodia del lenguaje y los gestos emocionales. La prosodia tiene que ver con la pronunciación y la acentuación correctas, ya sea la acentuación local de una palabra o la entonación general de una frase. Valga aclarar que el lado izquierdo también participa en la comprensión de contrastes tonales.

Es evidente que el cerebro es complejo y fascinante, que hay múltiples partes implicadas en la producción de un gesto, una palabra, un tono, un movimiento o en la percepción sensorial.

Hasta ahora hemos mencionado descubrimientos de los estudios de investigación. Posiblemente ustedes se preguntarán qué de todo eso puede diagnosticarse en un chico o en un adulto con condiciones del espectro autista. Hasta el momento, el diagnóstico de condición del espectro autista es fundamentalmente clínico, es decir, no se usan neuroimágenes ni otros estudios complejos para realizarlo.

Sin embargo, los estudios complementarios de la clínica tienen valor para diferenciar las condiciones del espectro autista de otras condiciones.

La atención atípica a estímulos sonoros puede evidenciarse por un estudio llamado "potenciales evocados auditivos", pero este estudio no se usa actualmente en la consulta clínica. Sí se utiliza en caso de sospecha de hipoacusia.

Por otra parte, hay menor activación de las vías visuales cuando se muestran imágenes de rostros, lo que denota problemas en el cerebro social. Si bien este recurso no se utiliza rutinariamente en el consultorio, un investigador llamado Simon Baron-Cohen encontró por este método que podría predecirse el trastorno del espectro autista en bebés por disminución de la actividad ante el seguimiento de la mirada.

La dificultad para aceptar cambios y hacer transiciones entre preferencias y actividades estaría relacionada con la activación cerebral más rápida ante la aparición de estímulos novedosos en el ambiente. Al no poder activarse lentamente, el cerebro estaría menos predispuesto a adaptarse a los cambios.

Estuvimos viendo los problemas a nivel de anatomía y "electricidad" cerebral. Ahora vayamos a explorar el mundo de los neurotransmisores, los neuropéptidos y las hormonas.

Los neurotransmisores son las sustancias químicas que conectan las neuronas entre sí a través de los espacios sinápticos y transmiten la información en las redes que van a dar origen a las conductas. Los neuropéptidos tienen funciones similares y las hormonas regulan los cambios de ambos. En individuos con trastornos del espectro autista se encuentran alteraciones en algunas sustancias, que pasaremos a nombrar. En primer lugar, la oxitocina, que es un neuropéptido que interviene como hormona en el parto y la lactancia, pero tiene relación con la conducta. Se lo llama péptido social porque interviene en las relaciones de pareja y sociales. En trabajos experimentales, los niveles menores se asocian a menor reconocimiento de emociones en rostros. En tratamientos con oxitocina se ha demostrado a nivel experimental que mejora en autismo el reconocimiento de emociones en rostros.

En segundo lugar, la serotonina, que participa de la regulación de la conducta, las emociones, el sueño y el apetito. No está alterada solo en el autismo, sino que está reducida en trastornos como el obsesivo-compulsivo y la depresión. En tercer lugar, el ácido gamma-aminobutírico o GABA, que es un neurotransmisor inhibitorio, cuyos niveles reducidos tendrían relación con mayor ansiedad e hipersensibilidad sensorial.

En cuarto lugar, las hormonas sexuales. El grupo del investigador británico Simon Baron-Cohen postula la teoría del cerebro masculino extremo, según la cual algunas conductas representarían rasgos masculinos exagerados, como la tendencia a clasificar y a sistematizar en categorías. Hay estudios que indican mayor frecuencia de pubertad precoz en varones con autismo y de pubertad retrasada en mujeres, que asocian estos fenómenos a una alteración en la relación de hormonas masculinas y femeninas, esto es, predominio de testosterona frente a estrógenos.

Ya fuera de los neurotransmisores, neuropéptidos y neurohormonas y dentro de la célula, introduzcámonos en el fascinante mundo de la genética.

No hay duda de que el autismo está relacionado con las alteraciones en los genes, aunque los estudios no puedan aún detectarlos para realizar el diagnóstico en forma clínica, es decir, en pacientes en el consultorio del pediatra, neurólogo o psiquiatra.

De todos modos, para haber podido llegar a la afirmación de que el autismo es una condición de base genética, vayamos a los fundamentos.

a. Existe una fuerte tasa de repetición en gemelos iguales o monocigotas, del 60 al 92%, y una tasa de repetición mayor a la de los hermanos no mellizos en los mellizos.

b. Una familia con un hijo con autismo tiene un riesgo de repetición del 5% si tiene otro hijo, contra alrededor del 1% de probabilidades en otros padres con hijos sin autismo.

c. En algunas familias se encuentran alteraciones cromosómicas, por ejemplo, en el X, en el 15, en el 7 y en el 3. Estas alteraciones están relacionadas con las acciones de las hormonas, los neuropéptidos y los neurotransmisores mencionados anteriormente. Las acciones de estas sustancias en las neuronas están mediadas por receptores, que pueden alterarse en las condiciones del espectro autista (CEA).

d. Hay mayor prevalencia de autismo en algunos síndromes genéticos, que se describirán en el capítulo de comorbilidades.

De la genética pasemos a la inmunología, en este afán de dilucidar las causas del autismo y los intrincados mecanismos que tiene el cerebro para producir emociones y conductas.

La inmunología está relacionada, en parte, con el estudio de la inflamación. En algunas áreas del cerebro se encontró un aumento de sustancias producidas durante episodios inflamatorios.

La reacción inflamatoria agregada a la predisposición genética se ha provocado en roedores. Las sustancias inflamatorias inyectadas a ratones genéticamente modificados provocaron dificultades en la socialización, con conductas repetitivas que semejan un modelo de autismo o esquizofrenia, según el momento de la vida en que se produzca la doble lesión. Una lesión es la del gen; otra, la de la inflamación.

A partir de estas hipótesis, se ha encontrado en forma experimental cierta recuperación de los síntomas usando tratamientos inmunológicos como la interleuquina en cuadros como el síndrome de Rett, una forma de autismo secundario, es decir, causado por otra condición. Estos hallazgos pueden resultar fundamentales en la exploración de nuevas formas de tratamiento desde la inmunología.

El sistema inmune responde a la presencia de sustancias que, sean o no extrañas, son consideradas como tales. Un estudio de revisión finlandés halló que la fiebre y el aumento de sustancias inflamatorias como las citoquinas en el embarazo, más la predisposición genética, estaban ligadas al TEA en el niño. La fiebre es un factor inespecífico asociado a las infecciones, entre otras causas.

La rubéola congénita puede causar trastornos del espectro autista. Existe una hipótesis que plantea que, para que esto suceda, tiene que aumentar la vitamina A (hipervitaminosis A) por daño hepático producido por el virus de la rubéola.

La infección materna por citomegalovirus también puede influenciar la aparición de síntomas en el niño.

Mencionemos ahora otros factores de riesgo postulados para el desarrollo de los TEA. La edad materna y paterna mayor a 35 años se relaciona a su vez con mayores posibilidades de mutaciones genéticas en óvulos y espermatozoides, con un ambiente uterino desfavorable y con mayores posibilidades de presentar enfermedades crónicas. Los años de educación de los padres (a más años de educación, más riesgo), la hipertensión en el embarazo, la diabetes en el embarazo (se halló asociación para trastornos en el desarrollo de la motricidad y déficit atencional) y el bajo peso al nacer. El tabaquismo materno no se asoció con autismo en el niño.

Si hablamos de factores de riesgo, también podemos hablar de factores protectores. Se halló que la paridad mayor o igual a 4 (4 o más hijos) y, como ya vimos anteriormente, el sexo femenino, son factores protectores para la aparición de TEA.

Respecto de los factores medioambientales, es mucho lo que se estudia y poco lo que se conoce a ciencia cierta. Digamos primero que el hecho de que un contaminante esté estudiándose en relación con el TEA no implica que este elemento cause autismo, sino que se sospecha que puede aumentar el riesgo. Es muy difícil probar asociaciones causales y un poco más fácil probar asociaciones temporales. Por ejemplo, la polución del aire en la temprana infancia, pero no durante el embarazo, aumenta el riesgo de ser diagnosticado con TEA a los niños nacidos en Dinamarca. También se informó que si la mujer gestante está expuesta a pesticidas, como en las zonas de agricultura, se incrementa seis veces el riesgo de que el feto desarrolle autismo.

Mucho se ha hablado de las vacunas y su asociación con la aparición de casos de TEA, especialmente de la vacuna triple viral. Es importante aclarar este tema porque es muy grave el daño que puede hacerse al no vacunar a un niño.

En un estudio publicado en la revista de la Asociación Médica Americana en 2015, y que contó con más de 95.000 participantes, se descartó la asociación entre vacuna triple viral y aumento del riesgo de padecer un

TEA. Como se incluyeron en el análisis hermanos de niños con TEA, también se arribó a la conclusión de que no existe asociación perniciosa entre la triple viral y los TEA, incluso entre niños con alto riesgo de tener la condición.

En otro estudio publicado en el *New England Journal of Medicine* en 2002, se arribó a la misma conclusión después de analizar los registros de más de 537.000 niños.

La teoría de las vacunas en la producción del autismo surgió en 1997 cuando en la revista científica *Lancet* se publicó un trabajo de Andrew Wakefield. El trabajo describía 12 niños que habían recibido la vacuna triple viral antes de desarrollar autismo. Se generó una confusión internacional, porque la vacuna se utiliza a los 12 meses y el autismo puede diagnosticarse entre los 18 y los 36 meses, pero no hay relación causal, sino temporal. Alguna gente dejó de vacunar a los niños y se incrementaron los casos mortales de sarampión. En Japón se prohibió la vacuna.

Sin embargo, toda esa generación de 30.000 niños sin vacunación, además de padecer sarampión, parotiditis y rubéola, tuvo exactamente la misma prevalencia de autismo.

Wakefield fue despedido, pidió disculpas públicamente y se asoció a un grupo de EE.UU. para fomentar la vacunación. Nada más que decir.

Bibliografía

ALEXANDER, G. E.; DE LONG, M. R. (1986). "Parallel Organization of Functionally Segregated Circuits Linking Basal Ganglia and Cortex". *Annu Rev Neurosci*, (9): 357-381.

COLE, E.; BARRACLOUGH, E. (2018). "Reduced Connectivity between Mentalizing and Mirror Systems in Autism Spectrum Condition". *Neuropsychologia*, 122: 88-97. DOI: https://doi.org/10.1016/j. neuropsychologia.2018.11.008

ETCHEPAREBORDA, M.; LÓPEZ LÁZARO, M. (2005). "Estructura citoarquitectónica de las áreas del lenguaje". *Rev Neurol*, 40 (Supl 1): S103-S106.

FARIDI, F.; KHOSROWABADI, R. (2017). "Review Paper: Behavioral, Cognitive and Neural Markers of Asperger Syndrome". *Basic and Clinical Neuroscience*, Sept-Oct, 8 (5): 349-359.

FINKKILÄ, E; KESKI-RAHKONEN, A. (2016). "Prenatal Inflammation, Infections and Mental Disorders". *Psychopathology*, 49 (5): 317-333.

GALLESE, V., (2001). "The Shared Manifold Hypothesis, from Mirror Neurons to Empathy". *Journal of Consciousness Studies*, 8 (5-7): 33-50.

GRAÑANA, N. (2014). *Manual de intervención para trastornos del desarrollo en el espectro autista.* 1ra ed. Buenos Aires: Paidós, pp. 56-64.

HAPPÉ, F. (2015). "Autism as a Neurodevelopmental Disorder of Mind-Reading". *Journal of the British Academy*, Nov, 3: 197-209. DOI: https://www.doi.org/10.5871/jba/003.197.

JAIN, A.; MARSHALL, J.; BUIKEMA, A. (2015). "Autism Occurrence by MMR Vaccine Status among US Children with Older Siblings with and without Autism". *JAMA*, Apr 21, 313 (15): 1534-40.

MADSEN, K. M. ET AL. (2002). "A Population-Based Study of Measles, Mumps and Rubella Vaccination and Autism". *New England Journal of Medicine*, Nov 7, 347 (19): 1477-82.

Maeyama, K. et al. (2018). "Congenital Cytomegalovirus Infection in Children with Autism Spectrum Disorder: Systematic Review and Meta-Analysis". *J Autism Dev Disord*, May, 48 (5): 1483-1491.

Mawson, A. R.; Croft, A. (2019). "Rubella Virus Infection, the Congenital Rubella Syndrome and the Link to Autism". *Int J Environ Res Public Health*, Sept 22, 16 (19): 3543.

Oviedo, N.; Manuel-Apolinar, L. (2015). "Aspectos genéticos y neuroendocrinos en el trastorno del espectro autista". *Bol Med Hosp Infant Mex*, 72 (1): 5-14.

Pessoa, L.; Hof, P. (2005). "From Paul Broca's Great Limbic Lobe to the Limbic System". *J Comp Neurol*, Dec 1, 523 (17): 2495-2500.

Reinhardt, V. P.; Iosif, A. M. (2020). "Understanding Hippocampal Development in Young Children with Autism Spectrum Disorders". *J Am Acad Child Adolesc Psychiatry*, Sep, 59 (9): 1069-1079 .

Rinaldi, A. (2016). "Piecing Together a Different Picture". , *EMBO Rep*, Nov, 17 (12): 1690-1695.

Ritz, B.; Liew, Z. (2018). "Air Pollution and Autism in Denmark". *Environ Epidemiol*, Dec, 2 (4): e028. DOI: https://doi.org/10.1097/EE9.0000000000000028.

Roberts, E.; English, P. (2007). "Maternal Residence Near Agricultural Pesticide Applications and Autism Spectrum Disorders among Children in the California Central Valley". *Environ Health Perspect*, 115: 1482-1489.

Vázquez, B.; Del Sol, M. (2017). "Características neuroanatómicas del síndrome de Asperger". *Int J Morphol*, 35 (1): 376-385.

Wang, C., Geng, H. (2017). "Prenatal, Perinatal, and Postnatal Factors Associated with Autism. A Meta-Analysis". Medicine (Baltimore), May, 96 (18): e6696. DOI: https://doi.org/10.1097/MD.0000000000006696.

Wu, H.; Li, H. (2020). "Phenotype-to-genotype Approach Reveals Head-circumference-associated Genes in Autism Spectrum Disorder Cohort". *Clin Genet*, Feb, 97 (2): 338-346.

4.
ASPECTOS PARTICULARES DE LA COMUNICACIÓN Y EL LENGUAJE EN LAS PERSONAS CON SÍNDROME DE ASPERGER

por MARISA GANDSAS, MARÍA BELÉN PRIETO, ÁNGELES MATO Y MARÍA BEATRIZ MOYANO

Como dijimos anteriormente, el síndrome de Asperger, como diagnóstico específico, fue oficialmente reconocido en el *Manual diagnóstico y estadístico de los trastornos mentales* (DSM-IV). Con el correr del tiempo se advirtió que el autismo incluye un espectro de trastornos, por lo cual, en la última versión de este manual, el DSM 5, ya no figura el síndrome de Asperger como un trastorno específico, sino que directamente se habla de trastornos del espectro autista, y queda englobado el síndrome junto a otros subtipos de autismo. Sin embargo, dentro de este espectro amplio, los chicos que antes se encuadraban en el diagnóstico de síndrome de Asperger presentan algunas características que permiten diferenciarlos del grupo más general de los TEA, que los ubica como a un conjunto de personas con rasgos autistas, pero de alto funcionamiento, y rasgos diferenciales importantes en varias áreas que involucran las del lenguaje y la comunicación.

Nos referiremos en este apartado a las características del lenguaje y la comunicación en los chicos con síndrome de Asperger.

Los individuos con síndrome de Asperger no suelen presentar retraso en la adquisición del lenguaje o conductas inusuales ni responsividad ambiental durante los primeros años de vida. Consecuentemente, los padres de chicos con síndrome de Asperger a menudo no tienen preocupaciones sobre el desarrollo temprano de sus hijos.

Asperger originalmente describió chicos que eran precoces en aprender a hablar, pero con un habla de características peculiares, excesivamente formal, seudopedante, de estilo unilateral, a menudo sobre tópicos de intereses circunscriptos. Las dificultades sociales emergen debido a este estilo social unilateral.

Generalmente estos niños no presentan alteraciones en cuanto a los aspectos semánticos y sintácticos del lenguaje, por lo que siguen en esto el mismo curso evolutivo de la mayoría de niños:

◈ A los 2 años dicen palabras aisladas.

◈ A los 3 años son capaces de armar frases comunicativas.

◈ A los 5 años tienen un vocabulario extenso y un uso correcto de la gramática.

Tal como describió Asperger, el niño con síndrome de Asperger tiende a utilizar un vocabulario amplio, muy formal, preciso, más avanzado de lo esperado para su edad, hipercorrecto desde el punto de vista sintáctico, incluso por momentos más rebuscado que sus pares, lo que hace que se sientan más cómodos conversando con adultos y que se los tilde de sabelotodo.

Los niños con síndrome de Asperger son sensibles a las emociones, aunque presentan cierta dificultad para expresar sus sentimientos, lo que se traduce en un discurso monocorde, sin el aspecto emocional que usamos para enfatizar las ideas o emociones. Suelen poseer, además, una prosodia peculiar del habla, o sea, una alteración significativa en los patrones de la entonación, la regulación del volumen y la velocidad del habla.

La mayoría comparte alteraciones en sus habilidades sociales y en el desarrollo de la función simbólica, por lo que les resulta difícil comprender conceptos abstractos y metafóricos, así como conceptos relacionados con la temporalidad.

Se dice que en el autismo están alterados los aspectos pragmáticos del lenguaje, es decir, el uso adecuado del lenguaje desde el punto de vista de las habilidades sociales y acorde al contexto o las circunstancias.

Estas habilidades implican una flexibilidad que un niño con TEA no tiene.

La flexibilidad psicológica, se sabe hoy, es una función derivada de una adecuada maduración de áreas cerebrales específicas, que está alterada en los chicos con TEA.

En definitiva, resultan alteradas desde el neurodesarrollo las regiones que median las funciones sociales, emocionales, de la comunicación y del lenguaje, que son las que están alteradas en el autismo.

En general, las personas con síndrome de Asperger intentan comunicarse prioritariamente para satisfacer sus propias necesidades físicas y emocionales (lo que prefiere, lo que rechaza, lo que quiere obtener o saber, sus intereses), y si bien pueden tener intención social, es mucho menos frecuente que se interesen por los gustos o necesidades de otras personas. A los chicos con síndrome de Asperger les cuesta comprender las reglas o convenciones sociales ambiguas y presuponer lo que otros piensan, sienten o desean. Por eso, no son capaces de adecuar su lenguaje a las situaciones sociales según los roles y los estados emocionales cambiantes de los otros que participan de la conversación, o a otras variables del contexto.

Conversación y circuito comunicacional

Conversar implica un diálogo con otro, tanto expresivo como corporal. Mirar a nuestro interlocutor, hacer una pausa, un pequeño gesto para asentir, esto genera señales no tan explícitas como lo que decimos, pero que tienen una función de mostrar algo al otro y generar una reacción frente a lo que le acabamos de decir. Tras escuchar la última palabra de quien nos habla, comprendemos que es nuestro turno. Y así sigue la conversación, de forma fluida y natural, en un ida y vuelta de información que va modulando el diálogo.

En las conversaciones con niños con Asperger, la conversación suele parecer algo restringida. Interpretar las palabras y decodificar las expresiones faciales, y respetar los turnos, a veces pueden representar todo un desafío. Estos niños oscilan entre permanecer más callados y abstraídos en su mundo y el polo inverso, hablar en exceso y de forma socialmente inadecuada. Suelen tender más al monólogo que al diálogo, sobre todo cuando la conversación gira sobre algunos de sus temas de interés, ocasiones en que suelen hablar demasiado. Además, les cuesta mucho ceder la palabra. Cuando la conversación gira sobre alguno de sus temas particulares de interés, da la impresión de que prescinden de su interlocutor para convertirse en los únicos que hablan. Ahí monopolizan la conversación y aburren a sus pares sin darse cuenta de ello.

Es entonces cuando se tornan verborrágicos y les cuesta cambiar de tema; a veces, incluso, realizan comentarios fuera de contexto, que parecen no seguir ningún orden lógico.

En una conversación, el lenguaje corporal es tan importante como el hablado.

Cuando conversamos con un niño con Asperger observamos que le cuesta escucharnos e interpretar estas señales. Muchos de estos niños desvían la mirada cuando les hablamos, sencillamente no pueden mirarnos y escucharnos al mismo tiempo (les cuesta integrar en el cerebro la información visual y auditiva). Por esto, no pueden atender a estos gestos no verbales que emitimos al hablar. Además, es frecuente que les resulte difícil decodificar las expresiones faciales. Esto ha sido relacionado desde la investigación con la falta de empatía que tienen típicamente los chicos con síndrome de Asperger.

En cuanto a la expresión de emociones, los niños con síndrome de Asperger son sensibles, pero les cuesta expresar sus sentimientos, lo que se traduce también en un tono monocorde, desprovisto del aspecto emocional que usamos habitualmente para enfatizar las ideas y transmitir los sentimientos.

La comunicación en relación con los intereses restringidos

Como ya hemos dicho, los chicos con síndrome de Asperger perciben y procesan la información de forma diferente, y suelen seguir su propio hilo de pensamiento, que se ve absorbido por sus temas favoritos.

Los intereses de los niños con Asperger no coinciden con los de los niños de su edad.

El pensamiento es coherente, son capaces de asociar ideas y narrar historias creativas. Por momentos pueden ser inflexibles, lo que ocasiona dificultades para amoldarse a los ritmos de diálogo, a cambiar de tema dentro de una conversación. Pueden permanecer mucho tiempo hablando de algo que les interesa, pero cuando deja de interesarles pueden cambiarlo hacia otra temática que impresiona sin sentido. La inflexibilidad es una característica típica de los niños con TEA y el motivo de muchos de sus enojos o ataques de ira.

Aprendizaje

La mayoría comparte alteraciones en sus habilidades sociales y en el desarrollo de la función simbólica, por lo que les resulta difícil comprender conceptos abstractos y metafóricos, así como aquellos relacionados con la temporalidad.

Los niños con síndrome de Asperger dominan bien el lenguaje concreto (no abstracto), por lo tanto los obstáculos con los que se encuentran en el aprendizaje no se relacionan con áreas como las matemáticas, sino con las materias en las que es clave la comprensión de los conceptos abstractos. Les cuesta mucho también comprender términos con los que se designa el paso del tiempo (antes de ayer, mañana, dentro de tres días) y la espacialidad en el tiempo (primero, antes, después). Las dificultades en el aprendizaje de los chicos con síndrome de Asperger radican en la comprensión de los contenidos, la comprensión lectora y los déficits en el juicio social.

Lenguaje literal

Probablemente por las dificultades para asociar una idea a una palabra, cuando una persona con TEA consigue nombrar una idea, asigna un significado "fijo" a las palabras, basado en su percepción concreta y en experiencias específicas, y le cuesta mucho ver más de un significado o comprender un significado más amplio de esa palabra. Tienen un lenguaje rígido que dificulta los cambios y la fluidez. Se dice entonces que su lenguaje es literal. Por esto, a las personas con síndrome de Asperger les cuesta entender el lenguaje figurativo o metafórico, los chistes, los dobles sentidos, los significados implícitos, la ironía y el sarcasmo. Las personas con TEA *no saben leer entre líneas*.

Dado el lenguaje perfectamente formal, extenso y rebuscado de la persona con Asperger, mucho más que el de otros TEA (e incluso que el de muchos niños neurotípicos), estas alteraciones, consistentes en pensamiento concreto, literalidad y fallas en la comprensión de conceptos abstractos, en estos niños pueden quedar enmascaradas y tener, sin embargo, un impacto cognitivo importante en su capacidad de aprendizaje.

La clave está en darse cuenta de que su lenguaje es literal tanto en la comprensión como en la expresión.

Tal fue el caso de Juan, que cuando la maestra se refirió a un compañero que se hacía problema por varias situaciones y refirió "Tomás se ahoga en un vaso de agua", Juan comenzó a llorar porque se preocupaba por Tomás, que se estaría "ahogando", es decir, no llegaba a comprender la metáfora y eso lo angustiaba.

Por la misma razón las clarificaciones les resultan confusas. Por ejemplo, un profesor en clase de secundaria que explica un concepto nuevo y complicado utiliza diferentes recursos para asegurarse la comprensión. A saber, repite lo mismo con un giro de la frase, cambia la forma en la que expone las ideas o repite varias veces la explicación. Para un niño con Asperger esto puede ser aún peor que una explicación única complicada.

Cuando es él el que intenta explicar una idea compleja, se encuentra con las mismas dificultades. La falta de recursos conversacionales hace que no siempre entendamos bien lo que quiere decirnos.

Hay una gran variabilidad en relación con el grado de dificultades en el rendimiento académico en estos chicos: hay niños que no presentaran dificultad alguna y otros a los que habrá que adecuarles la modalidad de evaluación.

En relación con lo social, en la escuela les cuesta compartir con pares y aceptar otras opiniones. Presentan dificultades en entender las claves no verbales.

En el aula es habitual que los chicos con TEA reaccionen en forma inapropiada y desmedida ante determinados estímulos externos: ruidos, imágenes, luz.

Los docentes pueden notar que los chicos con síndrome de Asperger pueden presentar tics motores y fónicos, así como problemas de atención, hiperactividad e impulsividad dentro del aula, ya que un porcentaje de chicos con síndrome de Asperger presentan TDAH, TOC y/o síndrome de Tourette en forma asociada a su trastorno principal, que es el síndrome de Asperger o TEA. En estos casos, estos chicos requieren los acomodamientos áulicos de cada uno de dichos trastornos asociados, además, a los del TEA.

En conclusión, vamos a encontrar una gran variabilidad de niños con TEA en cuanto a perfiles lingüísticos: desde ausencia total del lenguaje hasta alteraciones sutiles en su uso (alteraciones pragmáticas), como es el caso de los chicos con síndrome de Asperger. Hallaremos en todos ellos dificultades para relacionarse con pares, falta de sensibilidad para las señales sociales, alteraciones de las pautas de relación expresiva no verbal, dificultades para comprender intenciones de los otros e interpretar enunciados metafóricos y falta de reciprocidad socioemocional.

La mayoría de las personas puede observar a sus interlocutores y descubrir, a través de la combinación del tono del habla y del lenguaje corporal (gestos, expresiones faciales, contacto ocular), y la comprensión de claves sociales, aquello que realmente les pasa y quieren transmitir. Esto es algo que sucede en forma inconsciente, para lo cual venimos preparados como especie y nos brinda mucha y muy valiosa información acerca del entorno y la intención de los otros. Pero para una persona con TEA, esa facultad presenta particularidades que requieren de una intervención clínica que le permita acceder a esta información y mejorar sus contextos comunicativos y su integración social. Esto puede llevar incluso a las personas con autismo de más alto funcionamiento a tener un mal desempeño social, que puede causarles todo tipo de dificultades. Por ejemplo, pueden herir los sentimientos de otra persona sin darse cuenta, realizar preguntas inadecuadas, comportarse de manera extraña, hacer un mal uso de los comportamientos no verbales, evidenciar falta de reciprocidad social y emocional y, en general, quedar expuestos a situaciones de hostilidad, burla y aislamiento social.

Su detección puede cosechar importantes avances en el desarrollo de los niños con síndrome de Asperger y sus destrezas de interacción social, y nos posiciona ante los adolescentes y adultos en la dirección de generar intervenciones tempranas dirigidas a que aprendan las habilidades necesarias para mejorar su desempeño social y logren generalizarlas por aprendizaje y modelado a largo plazo, ampliando su capacidad de hacerse de amigos y de forjar nuevos vínculos. En este contexto, de la misma manera que se plantea desde las primeras descripciones de Kanner, el abordaje del tipo de dificultad específica que presentan estos chicos en el área del lenguaje es esencial.

El particular desarrollo que estos procesos presentan en las personas con TEA se vincula a las fallas que se observan en niños, adolescentes y adultos en competencias mentalistas sutiles, en capacidades pragmáticas, en las interacciones sociales y en los contextos sociales cotidianos.

Por todo lo explicitado, las habilidades sociales que las personas con TEA puedan cultivar serán de vital importancia para su calidad de vida, para su futuro vincular, laboral y comunitario. Desde el tratamiento es importante el diseño de objetivos que sostengan una línea de complejización, que se extienda desde el reconocimiento de expresiones faciales asociadas a sentimientos básicos y complejos, interpretación de causas a partir de un contexto y comprensión de términos relacionados con sentimientos y relaciones causales, hasta la interpretación de intenciones a partir de gestos, expresiones faciales e indicios contextuales, y la comprensión y expresión de términos mentalistas: pensar, imaginar, creer, equivocarse, comprender reglas sociales y juicios morales.

Las intervenciones terapéuticas necesitan apuntar a promover habilidades de interacción social, respondiendo a la singularidad de los sujetos, que van desde el contacto visual a las habilidades más sutiles y complejas, como la iniciativa para los vínculos, ajustándose a los contextos pragmáticos de la comunicación interpersonal. Esto permitirá profundizar la confianza en sí mismos y en sus posibilidades de comunicación y vinculación.

Un recurso terapéutico fundamental para las personas con síndrome de Asperger es el entrenamiento en habilidades sociales, que se hace tanto en forma grupal como individual. La estrategias de entrenamiento en habilidades sociales incluyen, por ejemplo, reconstrucciones de situaciones conflictivas a través de imágenes o de manera dramatizada, registros escritos a través de viñetas o historias sociales y conversaciones dibujadas (Gray, 1994 y 1998).

Estas también presentan líneas de progresión y complejización que necesitan responder a las necesidades y el estadio evolutivo de cada sujeto.

Es iatrogénico desconocer el desarrollo evolutivo y sus distintos dominios para generar intervenciones para los niños con autismo. Así, un programa se define a través de la evaluación del desarrollo y eso lo convierte en centrado en la persona.

Debemos complementar esta mirada atendiendo especialmente al aprendizaje de habilidades conversacionales, que abarcan desde el sostén de la mirada hasta aproximar inferencias sobre uno mismo o su interlocutor. En este sentido resulta valiosa *la péntada de Kenneth*, que se refiere a trabajar situaciones socioculturales en las que se considera: la acción, el agente, el escenario, la meta y el instrumento, al que Bruner agrega el problema como un elemento estratégico que puede provocar desequilibrios entre cualquiera de los elementos anteriores y poner así en marcha la construcción de procesos mentalistas. Acorde a la etapa evolutiva, también puede intervenirse a través de videos o filmaciones que se singularizan y que generan preguntas, primero, centradas en el espacio, y luego, en las personas y en las acciones, en los enunciados y la motivaciones, para comparar respuestas e identificar acuerdos y desacuerdos, y generar nuevos caminos para respuestas alternativas (Gray 1996:82).

Para los profesionales que tratamos síndrome de Asperger y TEA en general, la evaluación del lenguaje, y una evaluación cognitiva que incluya la evaluación de la cognición social, es una herramienta muy valiosa y esencial porque nos brinda el perfil de las fortalezas y debilidades específico de cada uno de nuestros pacientes. En primer lugar, porque las habilidades lingüísticas superiores junto a los déficits semántico-pragmáticos específicos del síndrome de Asperger pueden facilitar la identificación temprana del síndrome, así como su diagnóstico diferencial con respecto a otros trastornos infantiles, cuyos síntomas suelen superponerse con los del síndrome. Por ejemplo, los trastornos específicos del lenguaje, el síndrome de Tourette y el trastorno por déficit de atención con hiperactividad. Por otra parte, porque nos permiten conocer las causas del fracaso académico y social, y diseñar un tratamiento precoz y a medida de estimulación cognitiva.

Bibliografía

Asperger, H. (1938). "Das psychisch abnorme Kind". *Wiener Klinische Wochenschrift*, 51: 1314-1317.

Asperger, H. (1944). "Die 'Autistischen Psychopathen' im Kindesalter". *Archiv für Psychiatrie und Nervenkrankheiten*, 117: 76-136. Translated and annotated by Frith, U. (1991). "Autistic Psychopathy in Childhood". In: Frith, U. (Ed.), *Autism and Asperger Syndrome*. Cambridge, UK: Cambridge University Press, pp. 37-92.

Belmonte, M. K.; Allen, G.; Beckel-Mitchener, A. et al. (2004). "Autism and Abnormal Development of Brain Connectivity". *The Journal of Neuroscience*, 24 (42): 9228-9231.

Bucholz, J. L. (2012). "Social Stories ™ para niños con autismo: una revisión de la literatura". *Revista de Investigación en Educación*, 22 (2): 48-73.

Fuentes, J.; Bakare, M.; Munir, K.; Aguayo, P.; Gaddour, N.; Öner, Ö. (2014). "Autism Spectrum Disorder". In: Rey, J. M. (Ed.), *IACAPAP e-Textbook of Child and Adolescent Mental Health*. Geneva: International Association for Child and Adolescent Psychiatry and Allied Professions.

Howlin, P. (2005). "Outcomes in Autism Spectrum Disorders". In: Volkmar, F. R.; Klin, A.; Paul, R.; Cohen, D. J. (Eds.). *Handbook of Autism and Pervasive Developmental Disorders*. 3rd ed. Hoboken, NJ: Wiley.

Gray, C. A. & Garand, J. (1993). "Social Stories: Improving Responses of Individuals with Autism with Accurate Social Information". *Focus on Autistic Behavior*, 8 (1): 1-10.

Groden, J. & LeVasseur, P. (1995). "Cognitive Picture Rehearsal: a System to Teach Self-Control". In: Quill, K. (Ed.), *Teaching Children with Autism: Strategies to Enhance Communication and Socialization*. New York: Delmar, pp. 287-305.

Happè, F. & Frith, U. (1995). "Theory of Mind in Autism". In: Schopler, E. & Mesibov, G. B. (Eds.), *Learning and Cognition in Autism*. New York: Plenum Press, pp. 177-197.

Jones, W.; Carr, K.; Klin, A. (2008). "Absence of Preferential Looking to the Eyes of Approaching Adults Predicts Level of Social Disability in 2-Year-Old Toddlers with Autism Spectrum Disorder". *Archives of General Psychiatry*, 65: 946-954.

Klin. A.; McPartland, J.; Volkmar, F. R. (2005). "Asperger Syndrome". In: Volkmar, F. R.; Klin, A.; Paul, R., Cohen, D. J. (Eds.). *Handbook of Autism and Pervasive Developmental Disorder.* 3rd ed. Hoboken, NJ: Wiley, pp. 88-125.

Lombardo, M.; Baron-Cohen, S.; Belmonte, M. et al. (2011). "Neural Endophenotypes for Social Behaviour in Autism Spectrum Conditions". In: Decety, J.; Cacioppo, J. (Eds.), *The Handbook of Social Neuroscience.* Oxford: Oxford University Press.

Martín-Borreguero, P. (2005). "Perfil lingüístico del individuo con síndrome de Asperger: implicaciones para la investigación y la práctica clínica". *Rev Neurol*, 41 (Supl 1): S115-S122.

Quill, K. A. (Ed.). (1995). *Teaching Children with Autism: Strategies to Enhance Communication and Socialization.* New York: Delmar.

Schopler, E.; Mesibov, G. B. & Hearsey, K. (1995). "Structured Teaching in the TEACCH System". In: *Learning and Cognition in Autism.* Nueva York: Plenum Press, pp. 243-268.

Stoner, R.; Chow, M. L.; Boyle, M. P. et al. (2014). "Patches of Disorganization in the Neocortex of Children with Autism". *New England Journal of Medicine*, 370: 1209-1219.

Towbin, K. E. "Pervasive Developmental Disorder Not Otherwise Specified". In: Volkmar, F. R.; Klin, A.; Paul, R.; Cohen, D. J. (Eds.). *Handbook of Autism and Pervasive Developmental Disorders.* 3rd ed. Hoboken, NJ: Wiley, pp. 165-200.

Volkmar, F.; Reichow, B. (2013). "Autism in DSM-5: Progress and Challenges". *Molecular Autism*, 4 (1): 13. DOI: https://doi.org/10.1186/2040-2392-4-13.

Volkmar, F.; Siegel, M.; Woodbury-Smith, M. et al. (2014). "Practice Parameters for the Assessment and Treatment of Children and Adolescents with Autism Spectrum Disorders". *J Am Acad Child Adolesc Psychiatry*, Feb, 53 (2): 237-57.

WING, L.; GOULD, J.; GILLBERG, C. (2011). "Autism Spectrum Disorders in the DSM-V: Better or Worse than the DSM-IV?". *Research in Developmental Disabilities,* 32: 768-773.

WING, L. (1997). "The History of Ideas on Autism: Legends, Myths and Reality". *Autism,* 1 (1): 13-23.

WING, L. (1992). "Manifestations of Social Problems in High-Functioning Autistic People". In: Schopler, E. & Mesibov, G. B. (Eds.), *High-Functioning Individuals with Autism.* New York: Plenum Press, pp. 129-142.

por PERLA LEVI Y MARÍA SUSANA MOSQUERA

5.
ASPECTOS PARTICULARES DEL PROCESAMIENTO SENSORIAL

Proponernos comentar sobre la sensibilidad en niños con Asperger lleva a intentar comprender sus expresiones y actitudes, presuponiendo una actitud altamente empática por parte del interlocutor.

¿Cómo comprender lo que a los otros también les cuesta poner en palabras por ser justamente sensaciones? ¿Cómo podemos hablar de y/o categorizar lo que nos conmueve corporalmente? ¿Cómo influirán aquellas en un esquema corporal quizás no estructurado o en una imagen corporal no cohesionada? Posiblemente solo podamos comentarlas ubicándolas según sus cualidades como agradables, desagradables, exasperantes o amenazantes en referencia a las propias. ¿Y el otro?

Desde hace tiempo se sabe que los niños con autismo pueden ser muy sensibles a ciertos sonidos y formas de contacto, aunque, por otro lado, carecen de sensibilidad para ciertos niveles de dolor. Cerca de un 40% de los niños con autismo tiene alguna anormalidad en la sensibilidad sensorial. Ahora hay evidencias que sugieren que la incidencia puede ser la misma para el síndrome de Asperger. Uno o varios sistemas sensoriales están afectados, de manera que las sensaciones ordinarias pueden ser percibidas como insoportablemente intensas o registrarse con menor intensidad a la habitual en otras personas. La mera anticipación de la experiencia puede conducir a una ansiedad o un pánico intensos. Afortunadamente, con frecuencia, la hipersensibilidad disminuye a medida que el niño crece, pero para ciertos individuos puede continuar a lo largo de sus vidas. Los padres se sorprenden mucho y no entienden por qué tales sensaciones son intolerables, y lo mismo le sucede a la persona con síndrome de Asperger, que no entiende por qué a los demás no les pasa lo mismo. Las sensibilidades afectadas son normalmente el oído y el tacto, pero en algunos casos están relacionadas con el sabor, la intensidad de la luz, los colores y los aromas.

Por el contrario, la persona puede expresar una mínima reacción a niveles de dolor y de temperatura intolerables para los demás.

La hipersensibilidad puede llevar a actitudes evitativas, confrontativas y disruptivas. Podemos comprender que no llevará aparejadas actitudes positivas y placenteras y que influirá en todos los aspectos habituales, los vínculos, el contacto con el exterior, los aprendizajes, la alimentación. Paradójicamente, las personas con autismo y/o síndrome de Asperger posiblemente presenten una hiposensibilidad al dolor y a la temperatura, lo cual pondrá en cuestión la posibilidad de preservar al individuo.

Quizás podríamos plantear la sensibilidad como otro idioma cuya expresión no comprendemos del todo y que, por lo tanto, su diálogo e intercambio son dificultosos. La atención a la hiper/hiposensibilidad lleva a reconocer la posibilidad de situaciones sumamente displacenteras, y quizás caóticas y amenazantes, con lo cual la necesidad de contención es imperativa, imprescindible. La contención no necesariamente será mediada por la palabra, sino corporalmente, intentando articular, cohesionar, integrar el cuerpo.

Las sensaciones corporales, intero, propio (de los órganos del cuerpo y de la posición de músculos y articulaciones) y exteroceptivas (del exterior del cuerpo) dan cuenta del cuerpo en el tiempo y el espacio, y colaboran en la estructuración de dichas nociones y del cuerpo como totalidad. Son fundamentales en el desarrollo y en la estructuración de la sensación de la persona misma.

Diferentes disciplinas les otorgarán diferentes implicancias, posibilidades y recursos a las sensaciones corporales. Algunas veces, para favorecer la constructividad corporal; otras, para propiciar el diálogo y/o la inserción social.

Dentro del entorno familiar, será necesario colaborar con la comprensión y aceptación de la sensibilidad individual.

Si, por ejemplo, nos referimos a la hipersensibilidad sonora, no nos será difícil comprender cuando alguien se sobresalte ante ciertos sonidos intensos. Con otros deberemos ser muy empáticos para entender sin sentir. Son especialmente perturbadores los sonidos repentinos como los timbres y los que realizan los animales, el sonido de un globo al explotar y los sonidos continuos como los motores de pequeñas máquinas.

Se llaman sonidos múltiples a aquellos cuyo origen no se puede diferenciar por la cantidad de componentes; por ejemplo, en un estadio o en una reunión. Aquí es necesario volver a la importancia de la empatía, de intentar comprender lo que le sucede a la persona con síndrome de Asperger, especialmente cuando a nosotros la cotidianeidad y la contaminación sonora nos llevan a naturalizar la sobreestimulación. La naturalizamos porque podemos hacerlo; ellos muchas veces no pueden. Pensemos cómo se sienten. Una buena analogía de lo que puede sentir esta persona es la del malestar natural que experimentamos a veces con el ruido de las uñas cuando arañan una pizarra. El mero pensamiento acerca de este sonido nos hace estremecer.

Para ejemplificar la intensidad de la experiencia que pueden vivir los pacientes con síndrome de Asperger, recurrimos a una cita de Temple Grandin, tomada del libro de Tony Attwood *El síndrome de Asperger: una guía para la familia*. Tony Attwood es un conocido psicólogo británico especializado en Asperger, que trabaja en Australia y es creador de la Escala Australiana para Síndrome de Asperger, un elemento de tamizaje diagnóstico muy utilizado:

"Los sonidos altos, repentinos, todavía me sobresaltan. Mi reacción a ellos es más intensa que la que tiene el resto de la gente. Todavía odio los globos, porque nunca sé cuándo van a estallar y el susto me hará dar un salto. Los motores continuos de tono agudo, como los secadores y los ventiladores de baño, también me molestan, los de frecuencia baja no. Mi madre, mis profesores y mi institutriz hacían todo lo que podían por mí, pero no se daban cuenta de mis problemas sensoriales. Si lo hubieran sabido, yo habría tenido menos ataques de mal humor o mal comportamiento. Cuando la institutriz se enteró de que los sonidos altos me molestaban, hizo explotar una bolsa de papel cerca de mí para castigarme. Eso era una auténtica tortura. Nunca debería usarse la estimulación sensorial como castigo. Estaba aterrorizada ante cualquier cosa que pudiese producir un sonido repentino.

El ruido era realmente un problema. Cuando me enfrentaba a un ruido fuerte o confuso no podía modularlo. Para evitar su ataque, muchas veces me aislaba del mundo. Como adulta todavía tengo problemas para modular los estímulos auditivos. Cuando uso el teléfono de un aeropuerto, soy todavía incapaz de separar el ruido de fondo de la voz del aparato. El resto de la gente puede usar el teléfono en un ambiente ruidoso, pero yo no puedo, y eso que mi oído es normal. De niña, las fiestas de cumpleaños ruidosas me resultaban insoportables".

Como dice Temple, la estimulación sensorial dolorosa nunca debería ser usada para provocar dolor. Parece mentira hablar de esto, pero la historia y el asincronismo entre diferentes culturas nos hacen tener que aclarar lo obvio.

Tony Attwood describe también el caso de un niño con un nivel de sensibilidad extraordinario. Relata que ese niño salía de su consulta cuando, de repente e inexplicablemente, se sintió extremadamente molesto, incapaz de explicar por qué. Como Tony sabía de su sensibilidad auditiva, recorrió el pasillo para buscar la fuente del malestar. Era el lavamanos eléctrico del baño, un sonido imperceptible para los demás, pero perfectamente audible (y dolorosamente intenso) para el niño.

Este niño, llamado Albert, solía usar su sensibilidad auditiva para saber cuándo iba a llegar un tren a la estación, habitualmente varios minutos antes de que sus padres pudieran oírlo, y lo percibía, según sus propias palabras, en sus oídos y en su cuerpo.

Otro niño tenía un interés especial por los autobuses. Solo oyéndolos llegar, podía identificar la marca del motor del vehículo. También podía identificar cada uno de los autobuses que circulaban por su barrio solo por el sonido de sus motores. Podía decir el número de patente del autobús antes de que este se dejase ver. No le gustaba jugar en el jardín de su casa y, cuando se le preguntaba por qué, decía que odiaba el "clack-clack" de las alas de las mariposas.

La literatura da cuenta de qué tan intensa es la hipersensibilidad, que puede llevar a conductas evitativas como no dormir para no escuchar el despertador. Muchas personas con síndrome de Asperger pueden pasar noches sin dormir debido a que un perro ladra cerca de sus casas. Algunos adultos se han pasado toda la vida evitando a los perros.

Pueden realizarse acomodamientos ambientales, del entorno, sencillos pero efectivos, como planear en qué momento utilizar un electrodoméstico ruidoso y que este momento no coincida con la presencia del niño, proporcionarle tapones de siliconas, entusiasmarlo para que escuche música (no solo durante la ocurrencia del ruido molesto) con auriculares, para distraerse de esa sensación y poder concentrarse, incluso en ambientes ruidosos como una clase o un centro comercial, y también en momentos en que el ruido no es excesivo ni molesto.

Siguiendo esta idea, se desarrolló una técnica llamada entrenamiento de integración auditiva, que comprende diez horas de escucha de una música especialmente regulada.

También puede ayudar una explicación. Si el niño conoce la causa y duración del sonido que percibe como insoportable, es más probable que lo tolere. Las historias sociales de Carol Gray pueden ser adaptadas para aprender a modular la sensibilidad auditiva. Una historia social de un niño que era muy sensible al ruido de los secamanos incluía una descripción de la función y los contenidos de la máquina y la información de que, después de un tiempo, se apagaba sola.

Respecto de la sensibilidad táctil, podrá ser en referencia a la intensidad o a la calidad del tacto y/o del elemento que lo porta.

Puede darse una sensibilidad extrema a una particular intensidad de tacto o al tocar determinadas partes del cuerpo.

Es habitual comentar que a las personas con autismo y/o Asperger no les agrada el contacto corporal. Temple Grandin refiere que, de niña, se resistía a que la tocasen y, cuando los parientes la abrazaban, los apartaba de sí. Cuenta que usaba pijamas en lugar de camisones porque le molestaba que le tocaran los brazos o las piernas. Sin embargo, quería sentirse a gusto y que la agarraran, pero cuando la abrazaban se escurría por miedo a perder el control.

Para Temple, el contacto físico habitual de los encuentros sociales o los gestos de afecto eran percibidos como demasiado intensos o apabullantes. En este contexto, evitar el contacto social se debía a una reacción al contacto, no a que no le gustase la gente.

Aquí podemos llevar la atención a la actitud del interlocutor y a su disponibilidad corporal. Recuperando experiencias profesionales, se recuerda a niños que aceptaban el beso y el abrazo caluroso de los profesionales, pero no de sus familiares.

La variabilidad en la respuesta al tacto también depende de otros factores. Algunas áreas del cuerpo parecen ser más sensibles que otras, como, por ejemplo, el cuero cabelludo, los antebrazos y las palmas de las manos. El niño puede sentir pánico en la peluquería o cuando le lavan el cabello o lo peinan. Puede odiar ciertas texturas como la de la plastilina.

También es frecuente que los niños con síndrome de Asperger se resistan a usar cierto tipo de ropa.

Temple Grandin relata que algunos episodios de mala conducta eran causados directamente por dificultades sensoriales. Cuenta que se portaba mal en la iglesia porque las ropas de domingo eran más incómodas que las que usaba durante la semana. Si hacía frío y la obligaban a usar falda, le dolían las piernas; si llevaba enaguas que le rascaban, "se volvía loca". Lo expresaba de esta manera: "lo que para la mayoría de la gente puede ser normal, para una persona autista puede ser como si le frotasen la piel con papel de lija". El problema se hubiera resuelto llevando los domingos la misma ropa de cada día.

También hace referencia al uso de ropa nueva. Dice que, a diferencia de la mayoría de la gente, que se habitúa a distintos tipos de ropa, ella las siente en contacto con su piel durante horas.

El niño puede insistir en tener un guardarropa limitado para asegurarse una experiencia táctil consistente. El problema es que esas ropas tienen que lavarse y tienen una duración limitada. Una vez que se aprecia que el niño tolera bien una determinada prenda, los padres pueden comprarle varias iguales y de varias medidas para ir reponiéndolas.

Afortunadamente, los terapeutas ocupacionales han diseñado un programa de tratamiento llamado "terapia de integración sensorial", que puede ayudar a reducir la sensibilidad táctil o, usando el término técnico, la defensividad táctil. Este programa incluye masajes, frotamientos suaves de la zona y vibración. A veces, la presión profunda o la estimulación vestibular (por ejemplo, girar y balancearse) pueden ayudar. Temple Grandin halló que la presión profunda o que la apretasen era terapéutico. Así, refiere que no le gustaban los abrazos, pero le encantaba que la frotasen, y que eso tenía un efecto calmante muy agradable. Dice que le encantaba la presión profunda y que solía ubicarse debajo de los almohadones del sofá y hacer que su hermana se sentase encima, sintiéndose relajada y calmada. También cuenta que, de niña, le encantaba arrastrarse a lugares pequeños y ceñidos porque ahí se sentía relajada.

De hecho, Temple diseñó una máquina basada en esta peculiaridad. La máquina rodea casi todo su cuerpo, está forrada en goma espuma y proporciona una firme presión. Temple halló que dejarse apretar por este artilugio le proporcionaba una experiencia relajante y tranquilizadora que la desensibilizaba gradualmente.

Respecto de la comida, algunos niños con síndrome de Asperger son muy exigentes en su temprana edad, son reiterativos y extremadamente sencillos con sus gustos alimentarios, y detestan algunos colores y texturas, lo crocante, las mezclas y la efervescencia de ciertas bebidas. En otras oportunidades necesitan comer con las manos porque no soportan el metal de los cubiertos.

Afortunadamente, la gran mayoría de los niños con síndrome de Asperger que tienen este tipo de sensibilidad la pierden a medida que crecen. Es importante no obligarlos a comer ni dejarlos pasar hambre para hacerlos comer una comida más variada. No estamos ante el típico problema de conducta en el que el niño simplemente desafía a los padres. Aun así tenemos que asegurarnos de que el niño come una mínima variedad de alimentos. Un nutricionista puede encontrar alimentos nutritivos y con textura y sabor aceptables para el niño. Gradualmente, la sensibilidad disminuye, pero el miedo y la evitación continúan. Cuando ocurre esto, el niño debe ser animado a lamer y probar más que a masticar y tragar la nueva comida. También es una buena idea hacerle probar la comida cuando está distraído y relajado.

Por otra parte, debido a su particular sensibilidad visual, algunos niños con síndrome de Asperger pueden presentar conductas evitativas y puede condicionarse su ubicación en la clase o en otros ámbitos para favorecer su tolerancia a determinados estímulos lumínicos.

Algunas personas afirman verse "cegadas por la brillantez" y evitan niveles intensos de iluminación. También pueden decir que en los días claros se les nubla la vista.

Pero las particularidades en la percepción visual no solo tienen aristas complicadas, sino que también presentan aspectos positivos. Los artistas plásticos con síndrome de Asperger suelen mostrar en sus obras una intensa percepción de los colores. En alguna ocasión, esa cualidad ha permitido un buen desarrollo laboral, ya que el uso inusual del color puede traer aparejado el reconocimiento artístico.

Volviendo a los problemas, también es importante destacar un aspecto desafortunado de una hipersensibilidad visual: la distorsión perceptiva. Hay personas que pueden ver las cosas más pequeñas o más grandes de lo que son en realidad y presentar miedo en respuesta a ciertos tipos de experiencias visuales, anodinas para la mayoría de las personas.

Es difícil saber cómo reducir esta sensibilidad visual. En el futuro podremos adquirir estrategias tan efectivas como las usadas con la sensibilidad auditiva. En la actualidad, solo podemos identificar lo que puede percibirse como demasiado intenso e intentar evitar tales experiencias.

Respecto de la sensibilidad olfativa, a menudo se evita la utilización de perfumes y/o elementos de higiene a fin de evitar un malestar, en desmedro de la posibilidad de tener experiencias positivas, si el contacto con dichos estímulos es parcial y paulatino.

Al igual que en las situaciones anteriores de alteración en la sensibilidad, la posibilidad de que una sensación desencadene otra es plausible. Al escuchar un sonido se cree ver un color determinado sin poder explicar el origen ni el significado, e incluso, a veces, las personas con síndrome de Asperger llaman a un sonido como si fuera un color.

Por último, hablemos de la sensibilidad dolorosa y térmica. El niño o el adulto con síndrome de Asperger pueden parecer muy estoicos y no estremecerse ni mostrar ansiedad en respuesta a niveles de dolor que otros considerarían inaceptables. Algunos pueden retirarse las astillas clavadas en la piel sin sentir apenas dolor, o consumir bebidas calientes sin experimentar molestias. Los días de calor pueden llevar ropas abrigadas o, en los días fríos, ir en mangas de camisa. Es como si se les hubiese roto el termostato interno.

La falta de reacción al dolor puede hacer que la persona no aprenda a evitar ciertas acciones peligrosas, lo que la llevará permanentemente al servicio de emergencias. Los médicos estarán sorprendidos por la audacia del niño o considerarán que los padres han sido negligentes. Las apendicitis y las otitis pueden progresar hasta niveles muy peligrosos antes de ser detectadas. Pueden sentir dolores dentales o menstruales, pero no los comunican. Los padres de un niño cuentan que en una oportunidad notaron que él no era el mismo durante unos cuantos días, pero nada parecía indicar que estaba experimentando dolor. En un momento dado lo llevaron al médico, quien le diagnosticó torsión testicular, por lo que se le extirpó el testículo.

Si el niño tiene esa clase de respuesta al dolor, una respuesta mínima, es primordial que los padres vigilen cualquier señal de incomodidad y usen estrategias para que consiga expresarse. Deben explicarle al niño por qué debe informar de los dolores, aunque estos sean mínimos.

Una terapia muy utilizada en la actualidad es la *terapia de integración sensorial,* ideada por una terapista ocupacional norteamericana llamada Jean Ayres. La *integración sensorial* se refiere a la capacidad de producir respuestas motrices y conductuales adecuadas a los estímulos. Ayres notó que las personas con TEA tenían problemas en el registro (detección e interpretación de la señal), en la modulación (inhibición o propagación de la señal), en la interacción con ciertos objetos y/o en la motivación. También describió que los individuos con hiperreactividad tenían mejores resultados que los hiporreactivos.

Ayres implicó dos sistemas neurales en el registro y la modulación: el sistema límbico y los sistemas vestibular —que comprende oído interno y regiones cerebrales y cerebelosas conexas, y está relacionado con el equilibrio y la orientación espacial— y propioceptivo o kinestésico, que, como mencionamos anteriormente, está relacionado con la autoconciencia de la posición del cuerpo y de los movimientos. Este sistema se nutre de las sensaciones de músculos, tendones y articulaciones recolectadas por neuronas llamadas *mecanorreceptores.*

Ayres fue una pionera al implicar al sistema límbico en la modulación y en la motivación sensoriales, y en decir que el deseo o voluntad de responder a los estímulos que se registraron está alterado en las personas con TEA.

La terapia de integración sensorial permite que el paciente se adapte a diferentes sensaciones, exponiéndolo a la estimulación pautada y repetitiva. Actualmente, muchos terapeutas ocupacionales también realizan "dietas sensoriales" e indican actividades físicas.

Por último, cabe aclarar, y esto vale para todo tipo de terapias, que la terapia de integración sensorial tiene mejores y peores resultados de acuerdo a los cambios que se midan. Resultó eficaz para lograr metas particulares y para la disminución de manierismos autistas, no tan eficaz para mejorar las conductas durante el juego e ineficaz para desarrollar el lenguaje.

Bibliografía

Attwood, T. (2002). *El síndrome de Asperger. Una guía para la familia*. Barcelona: Paidós Ibérica.

Bernard, M. *El cuerpo.* 1ª reimpresión. Buenos Aires: Paidós.De Ajuriaguerra, J. (1984). *Manual de psiquiatría infantil*. Barcelona: Masson.

Dolto, F. (1990). *Imagen inconsciente del cuerpo*. Buenos Aires: Paidós.

Fejerman, N. (2019). *Trastornos del desarrollo en niños y adolescentes*. 1ra ed. Buenos Aires: Paidós.

Kilroy, E.; Aziz-Zadeh, L. (2019). "Ayres Theories of Autism and Sensory Integration Revisited: What Contemporary Neuroscience Has to Say". *Brain Sciences*, 9 (3): 68. DOI: https://doi.org/10.3390/brainsci9030068. www.mdpi.com/journal/brainsci.

Stanton, M. (2002). *Convivir con el autismo. 1ra ed. Barcelona: Paidós.*

Stevenson, R.; Siemann, J. (2014). "Evidence for Diminished Multisensory Integration in Autism Spectrum Disorders". *J Autism Dev Disord*, Dec, 44 (12): 3161-3167.

Winnicott, D. (1993). *Exploraciones psicoanalíticas. 1ª reimpresión.* Buenos Aires: Paidós.

6

DIAGNÓSTICO: ¿TIENE VALOR HACERLO? OBJETIVOS, ALCANCES

por SEBASTIÁN CUKIER

A. Introducción y consideraciones generales

Las personas que reciben el diagnóstico de Síndrome de Asperger (SA) presentan desafíos en la interacción social y en el uso social de la comunicación, junto con patrones restringidos de conductas e intereses, y muchas veces con sensibilidades sensoriales atípicas y con diferencias en el procesamiento de la información. Estas características están presentes desde la temprana infancia y se manifiestan de forma diferente en cada persona según la edad, las diferencias individuales y las demandas del ambiente.

La característica central para el diagnóstico de SA son los desafíos para las interacciones sociales. Puede hacérseles difícil comprender de forma automática las intenciones o reacciones de las personas y compartir parte del mundo emocional. También puede costarles incorporar las convenciones y normas sociales no explicitadas y, por lo tanto, ajustar su comportamiento al de los demás. Esto puede llevar a que les cueste más hacer y sostener amistades. En la infancia y la adolescencia es cuando estas características sociales son más notorias en la mayoría de los casos, y pueden ir atenuándose a lo largo de la vida.

El lenguaje que utilizan puede ser excesivamente formal, a veces con particularidades en la selección del vocabulario, en la prosodia (la entonación de la voz, el ritmo del habla, las pausas, los movimientos melódicos) y también en la forma de conversar o comentar. Es frecuente la literalidad y la dificultad para comprender algunos chistes, ironías y ambigüedades del lenguaje y la comunicación. Desde la niñez puede notarse menor utilización del lenguaje para compartir experiencias y vivencias, y muchas veces con menos acompañamiento de la comunicación no verbal más sutil (mirada, gestos, posturas, expresiones faciales).

Muchas personas con Asperger pueden presentar ansiedad intensa ante cambios inesperados en las rutinas o en el entorno, y suelen tener intereses muy absorbentes en los temas más diversos, usualmente no compartidos por la mayoría de las personas de la misma edad. En muchos casos pueden ser muy sensibles a algunos ruidos, olores, sabores o al tacto suave y a ciertas texturas, o pueden mostrar intereses sensoriales inusuales, sobre todo en la infancia.

Las personas con Asperger también muestran aspectos positivos y características muy valiosas. Suelen mostrarse más preocupadas por la fidelidad al deber que por ambiciones personales, pueden ser imparciales, francas, genuinas y menos influenciables por las opiniones de otros. Muchas veces tienen mayor habilidad para observar y recordar detalles y llegan a ser expertas en sus temas de interés. Pueden ofrecer soluciones innovadoras y creativas a los problemas gracias a su forma particular de inteligencia.

B. Diagnóstico del síndrome vs diagnóstico de trabajo

Ambos se consideran las dos fases principales en el diagnóstico del Síndrome de Asperger (SA). La primera, el diagnóstico del síndrome, puede comenzar cuando la misma persona o alguien más (como padres, educadores, profesionales de la salud u otros) reconocen algunas de las características y de esa forma se llega a una evaluación específica por parte de alguien formado en el desarrollo y en el SA. Para el diagnóstico del síndrome se utilizan los criterios clínicos definidos por la comunidad científica en los manuales internacionales (ver criterios de DSM y CIE en el anexo 1), y se pueden utilizar como apoyo herramientas de observación directa o de reporte familiar estandarizadas (ver anexo 2 para ejemplos de guías de observación, escalas y herramientas de pesquisa y de apoyo al diagnóstico) que lleven a una descripción clara del cuadro y de la evolución de las características clínicas desde la infancia temprana.

La segunda fase es un diagnóstico situacional o de trabajo, que parte de una valoración clínica realizada por un equipo experimentado en el examen psiquiátrico, psicológico y del desarrollo, en la neuropsicología, la comunicación, la conducta y las habilidades de cada persona, usando criterios que lleven a planificar los apoyos y las intervenciones necesarias para cada etapa de la vida. Si bien conocer el nombre del diagnóstico suele ofrecer mayor tranquilidad a las familias y a las personas con Asperger (a partir de que mejora la comprensión por parte del entorno social y ayuda a entender mejor algunos aspectos de la vida cotidiana), no alcanza con una etiqueta diagnóstica para mejorar la vida de estas personas. Es relevante, cuando se realiza una evaluación, describir las características de cada individuo en todas las áreas del desarrollo, detectar las necesidades individuales y priorizar objetivos. Para poder, así, ofrecer apoyos y estrategias de intervención a la medida de cada persona, que ayuden a mejorar la calidad de vida y garantizar un seguimiento que permita ir ajustando las estrategias durante el ciclo vital.

C. Diagnóstico sindrómico

El diagnóstico de síndrome de Asperger o trastorno de Asperger dejó de existir con ese nombre en las nuevas ediciones de las clasificaciones internacionales más utilizadas en psiquiatría. La nueva edición del *Manual diagnóstico y estadístico de los trastornos mentales* (DSM 5 – APA, 2013) define una categoría genérica, los "trastornos del espectro autista (TEA)", que se amplía a partir de diferentes especificadores. Muchas de las personas que cumplían los criterios para trastorno de Asperger en la edición anterior del DSM (DSM-IV-TR – APA, 2000), a partir de la nueva clasificación recibirían un diagnóstico de "trastorno del espectro autista, sin discapacidad intelectual y sin alteraciones del lenguaje". Dentro del diagnóstico se podrían agregar otras especificaciones como si existe alguna afección médica, genética o algún factor ambiental conocido, o bien otra condición del desarrollo o trastorno psiquiátrico asociados; también pueden agregarse al diagnóstico de TEA especificaciones en relación con el nivel de severidad (según la cantidad de apoyos que necesite la persona para el funcionamiento diario). Algo similar ocurriría en la nueva versión de la *Clasificación Internacional de Enfermedades* (CIE-11- OMS), cuya edición final aún está por publicarse. En nuestro país, se sigue utilizando oficialmente la CIE-10 (OMS, 1992), que incluye el diagnóstico de síndrome de Asperger.

El diagnóstico formal de SA había sido incluido en la CIE-10 en 1992 y en el DSM-IV en 1994, unos 50 años después de su descripción original (Hans Asperger, 1944). En 1981, año de la muerte de Hans Asperger, se había publicado por primera vez en idioma inglés la descripción de su trabajo (Lorna Wing, 1981). En 1989 se conoció la primera propuesta de criterios diagnósticos sistematizados de SA basados en las descripciones de Hans Asperger, por parte del Christopher Gillberg (ver criterios de Gillberg en el anexo 1). A partir de los años 90 las publicaciones sobre el SA fueron siempre aumentando, aunque en paralelo al aumento de la utilización del concepto de "trastornos del espectro autista" (TEA), que antes de figurar en los manuales internacionales ya era utilizado de manera creciente en conferencias, tesis, políticas públicas e investigaciones de diferentes disciplinas.

D. Manifestaciones clínicas

Las manifestaciones conductuales del SA son diferentes en cada persona y también van cambiando con la edad y las circunstancias ambientales. Lo que suele mantenerse es una forma particular de pensar, sentir y comprender el mundo. Una de estas características es cierto grado de dificultad para intuir los estados mentales de los demás (sus emociones, creencias, deseos, intenciones, etc.). En el desarrollo típico, las personas en general pueden inferir de forma casi automática y con relativo éxito cuáles son las intenciones, los planes o las emociones de los demás y, en consecuencia, comprender sus conductas y predecir parcialmente sus reacciones. Las personas con SA se encuentran con ciertos desafíos para "ponerse en el lugar del otro" y así entender qué creencia o deseo pudo impulsar cierta conducta, y predecir qué va a sentir o creer alguien a partir de sus propias acciones o de lo que le diga. Esto puede llevar a que a la persona con SA, a pesar de su inteligencia formal intacta, le cueste adecuarse a lo que es esperable por los otros; o a que le cueste ser "amable", o que se le haga difícil cumplir con algunas convenciones, o con las reglas no dichas de la convivencia social. El tipo de conocimiento dinámico que se requiere para vivir socialmente es muy diferente del que se necesita para manejarse en el mundo físico o teórico (Humphrey, 1986). A partir de esto es que las personas con SA presentan algún nivel de desafío para mantener relaciones sociales fluidas y recíprocas, para hacer amigos o sostenerlos, o para llevarse bien con los compañeros de escuela o de trabajo.

Otra característica que puede estar detrás de las conductas inusuales de una persona con SA son los desafíos para "leer" el lenguaje no verbal, para interpretar los gestos, las expresiones de las caras, los tonos de voz o las posturas del cuerpo de las personas con las que interactúan. Lo que lleva a "perderse" de algunos mensajes comunicativos no dichos, o a malinterpretarlos. A la inversa, pueden ser malinterpretados por los demás a partir de la modulación menos sutil de sus propias formas de expresarse verbal y no verbalmente.

Una tercera característica de las personas con SA es cierta rigidez en la conducta y el pensamiento; desafíos en la habilidad para mantener activo un conjunto apropiado de estrategias de resolución de problemas para alcanzar un objetivo futuro. Es decir, dificultad para ser flexibles en la búsqueda organizada de un fin. Esto puede llevar a que sean excesivamente perseverantes o repetitivos en sus estrategias, a pesar de poder manejar mucha información sobre los temas en cuestión. También puede llevarlos a "ahogarse en un vaso de agua", al costarles ser flexibles y hacérseles más difícil cambiar la perspectiva o el marco de referencia sobre una situación en diferentes contextos o momentos. Y esa misma inflexibilidad puede llevarlos tanto a preferir rutinas fijas y repetidas como a ser muy detallistas en los relatos y enumeraciones.

Muchas personas con SA pueden procesar la información sensorial de forma diferente. Como mencionamos, pueden generarles malestar algunos ruidos ambientales, algunas formas de tacto, olores, sabores o estímulos visuales (que pasan desapercibidos o son aceptables para la mayoría de las personas), lo cual puede sumar más desafíos a la interacción cotidiana y a compartir espacios con otros.

Cierta dificultad con el reconocimiento y el diagnóstico del SA reside en que muchas de las características mencionadas pueden aparecer en personas sin Asperger. En la población general muchos tenemos algún problema con la interacción social, o nos ponemos inflexibles en diversas situaciones, y también podemos malinterpretar las conductas o los gestos de los demás. La diferencia reside en la presencia de todas estas características en la misma persona, y a un nivel que termina generando sufrimiento sostenido o interferencias marcadas en la vida cotidiana. Esto hace que los límites entre alguien con algunos rasgos de personalidad similares a los que mencionamos y alguien con SA sean un poco imprecisos, y en algún modo subjetivos o hasta arbitrarios. Lo importante es que el diagnóstico permita, a quien lo necesite, contar con apoyos o intervenciones que mejoren su calidad de vida en sociedad, disminuyan el sufrimiento excesivo y le ayuden a desarrollar sus fortalezas y potencialidades.

No existen estudios de imágenes, de laboratorio, ni genéticos que permitan hacer el diagnóstico de SA o descartarlo. Las pruebas biológicas que pueden realizarse en algunos casos racionalmente seleccionados son las orientadas a descartar otras condiciones neurológicas o genéticas, por ejemplo.

Aun en caso de que el criterio de impedimento funcional o sufrimiento esté presente, tampoco es fácil el límite diagnóstico con otras condiciones como un trastorno de la comunicación social o pragmática, un trastorno de personalidad esquizoide, un trastorno de personalidad obsesivo-compulsivo, un trastorno por déficit de atención e hiperactividad, un trastorno del desarrollo de la coordinación motora, o el síndrome de Tourette, por ejemplo. Algunos clínicos pueden diagnosticar SA a una persona, mientras que otros pueden dar a la misma persona alguno de los otros diagnósticos, o más de uno a la vez, o ninguno, sin que se pueda siempre resolver esta ambigüedad de forma definitiva con parámetros objetivos o justificados.

F. Presentación clínica del SA en las distintas edades del ciclo vital:

i. Presentación del SA en la niñez temprana

Los niños con Asperger no tienen características físicas que los diferencien de otros niños, y muchas veces el desarrollo cognitivo y motor es acorde a la edad.

Inclusive algunos pueden mostrar habilidades precoces como incorporar un vocabulario sofisticado o interesarse por números o letras desde el segundo año de vida. Además, muchas veces la primera infancia es una etapa relativamente feliz para las personas con SA. Sus intereses y sus particularidades aún no chocaron con los intereses de la vida en sociedad fuera de la casa. Estos factores dificultan el reconocimiento de los desafíos en el desarrollo social y pueden atrasar la consulta; o en caso de llegar a la evaluación, pueden llevar a hipótesis diagnósticas erradas al notar las dificultades del niño para lidiar con experiencias que para otros niños son simples o hasta divertidas. El diagnóstico temprano puede ayudar a los padres a encontrar una explicación a las conductas hasta entonces inexplicables de su hijo o hija y a acceder a apoyos y recursos para mejorar la convivencia y favorecer su desarrollo.

Algunas características que pueden hacer pensar en el diagnóstico en un niño pequeño son el desfasaje entre el nivel cognitivo y de lenguaje (acordes a lo esperable para la edad), por un lado, y el razonamiento y funcionamiento sociales, por otro, que aparecen inmaduros. Pueden estar menos conectados con la mirada, con pocos gestos y expresiones faciales, no responder al nombre con la frecuencia de otros niños, y comunicarse menos para compartir emociones y experiencias (por ejemplo, para mostrar algo que les interesó, les gustó o los sorprendió) que para obtener cosas. En algunos casos les cuesta controlar las emociones y también comunicarlas, y muestran gran irritabilidad y reacciones catastróficas por eventos aparentemente menores. La forma de expresar las emociones puede ser inusual en los niños pequeños con SA; por ejemplo, agitar los brazos al estar alegres o excitados, balancearse al intentar concentrarse o golpearse al sentir enojo.

Pueden tender a juegos más solitarios y mecánicos o de armado que a juegos con miniaturas o personajes que interactúen entre sí. Muchos niños evidencian una menor sensibilidad al dolor y muchas veces hipersensibilidad a ruidos (como los de motores), a olores y sabores o al tacto de algunas texturas, al corte de pelo y uñas o al contacto físico suave (como besos o caricias). Al comenzar a hablar puede notarse el uso de una entonación particular, como centroamericana ("castellano neutro"), y la elección, a veces, de vocabulario rebuscado y poco coloquial.

Las características del SA son más notorias cuando empiezan a participar en grupos sociales. Si estas son muy marcadas, puede ser que el niño reciba un diagnóstico de autismo en la infancia temprana, y con el tiempo y el desarrollo del lenguaje y la cognición se lo reconozca como con SA. Si estas características se expresan con menor intensidad, puede no ser detectado en los niños pequeños, y recién llegar a la evaluación al ingresar al jardín de infantes, durante la escolaridad primaria o más tarde.

ii. Presentación del SA en edad escolar

Muchas veces los chicos y chicas con SA llegan a la edad escolar sin diagnosticar y son los docentes quienes sugieren una consulta con el especialista; otras veces llegan a las consultas con diagnósticos equivocados como trastornos de conducta o trastornos psicóticos o afectivos. Es posible también que sean diagnosticados con SA en ocasión de consultar por alguna condición del desarrollo asociada, como un trastorno de aprendizaje en lectura, escritura o cálculo, un trastorno del desarrollo de la coordinación motora o un trastorno de atención o de ansiedad.

Los niños y niñas con SA suelen tener menos amigos en la escuela, y posiblemente sus juegos compartidos con pares sean más breves y necesiten más tiempo de soledad. En algunos casos entablan relación con chicos más pequeños o directamente prefieren la compañía de adultos, generalmente mejor predispuestos a adaptarse a las preferencias del niño o niña. Sus pares pueden verlo como poco divertido, mandón, pedante o egoísta, a partir de la frecuente necesidad de control que sienten muchos niños con SA, la cual también puede dificultarles compartir los juguetes o intercambiar roles en el juego. La dificultad para tomar la iniciativa en lo social también puede producir una imagen de pasividad o desinterés por parte de sus pares.

Es frecuente, en los niños típicos en edad escolar, que se rían de determinadas entonaciones de las palabras, o que les diviertan las malas palabras, o las bromas físicas como "meter la pata" o arrojar objetos a otros. Los niños con SA tienden a interpretar literalmente los chistes y bromas y a no encontrar gracia a muchas bromas físicas, o inclusive intentar repetirlas en contextos inapropiados. Pueden presentar dificultades para interpretar las normas de un modo flexible y dinámico, lo cual puede llevarlos a reacciones incomprensibles para los docentes y autoridades escolares (por ejemplo, si la maestra dice que nadie puede hablar en clase, el niño con SA puede hacer callar a otro que le pide algo o que responde una pregunta de la misma docente).

Algunos aspectos a veces presentes en los niños con SA pueden ser positivos y ayudarlos dentro del aula, como el intenso afán de conocimiento, la motivación para recopilar información, la memoria sistemática sobre los temas que le interesan, la gran capacidad de atención para ciertos temas, entre otros. Sin embargo, en la escuela, es frecuente que los chicos con Asperger se muestren confusos y agotados por tener que enfrentar al mismo tiempo los desafíos académicos y los sociocomunicacionales. Situación que puede volverse insostenible si aparece hostigamiento o maltrato por parte de sus pares o si el niño tiene trastornos de aprendizaje o atención asociados.

iii. Presentación del SA en la adolescencia

Algunas personas con SA llegan a la adolescencia sin diagnosticar, y solo a partir de la mayor complejidad y demanda de las interacciones sociales durante esta etapa de la vida, es que se manifiestan de forma más clara los desafíos en la sociocomunicación. Los motivos de consulta pueden surgir a partir de conflictos con los familiares, los docentes o las autoridades escolares, pero más frecuentemente ocurre a partir de conflictos con los amigos o compañeros. Los grupos de adolescentes suelen ser muy cohesivos y compartir códigos propios y jerarquías complejas. Aun en los casos en que los adolescentes con SA no son excluidos activamente, pueden sentir que no son realmente parte del grupo o que no están del todo incluidos.

Las amistades y el grupo se vuelven más importantes durante la adolescencia y pueden tener un efecto masivo sobre la autoestima y la reparación emocional. Los adolescentes típicos suelen pasar más tiempo con su grupo de pares que con su familia y otros adultos, y en el caso de los adolescentes con SA, es posible que se intensifiquen el sentimiento de soledad, la incomprensión y los deseos frustrados de pertenecer.

Los cambios emocionales de la adolescencia suelen atrasarse en las personas con SA, por lo que mientras sus compañeros hablan de parejas, de romper las reglas de los mayores o de salir a divertirse, ellos continúan con intereses más parecidos a los de la niñez. Las reacciones emocionales pueden seguir siendo desproporcionadas e inapropiadas, y muchas veces el descuido de la imagen personal, la higiene o la vestimenta pueden aumentar las diferencias con sus pares.

En lo académico, puede hacérseles difícil tomar apuntes a la velocidad necesaria, adaptarse a los cambios de profesores y de temas, aparecer desmotivación hacia algunas materias y desafíos para sacar la idea principal de un texto y seleccionar la información más relevante. Aunque, por otro lado, también suelen destacarse en las áreas académicas que son de su interés, pueden contar con un vocabulario más amplio que el resto, mayor persistencia para lograr sus metas, y muchas veces muestran valores como la sinceridad, la lealtad y la crítica hacia las injusticias.

Muchos adultos llegan al diagnóstico de SA a partir del diagnóstico de un hijo, sobrino u otro pariente que presenta características similares, o también a partir de reconocer algunos rasgos propios en descripciones del SA en los medios o en literatura y filmografía de ficción. Otras veces la identificación del diagnóstico surge a partir de consultas por ansiedad o depresión, o a partir de dificultades para conseguir empleo acorde a las habilidades o nivel académico obtenido, o desafíos para sostener el empleo o los estudios universitarios.

En las mujeres con SA, es importante tener en cuenta que es frecuente que escondan sus dificultades de comprensión social con estrategias como la imitación, la amabilidad pasiva y el aprendizaje consciente de conductas apropiadas en un ámbito en particular. También pueden tener intereses absorbentes que no sean tan llamativos o inusuales, que solo pueden identificarse como manifestaciones del SA si se presta atención a su intensidad y a la exclusión relativa de otros intereses típicos de la edad y el ámbito social. Estos aspectos hacen más probable que las mujeres lleguen a la edad adulta sin diagnóstico, e inclusive que nunca sean diagnosticadas.

Además de las características generales del SA descriptas, en los adultos con SA puede notarse cierta tendencia a la unilateralidad (o menor reciprocidad) en la conversación, al llevarla hacia su tema de interés más absorbente o al no dar tanto lugar a los comentarios e intervenciones del otro. También puede costarles la utilización de latiguillos o frases coloquiales que se utilizan con frecuencia para iniciar conversaciones o interacciones con otros, o para generar cercanía emocional. John Robison, un adulto con SA, escribe en su autobiografía: "Por ejemplo: ¿cómo está tu esposa? o ¿bajaste de peso? La gente emite comentarios como esos en ausencia de provocación, o de cualquier indicación visible de que haya habido un cambio en la esposa o en el peso. Tienen un stock de frases de ese tipo, y nunca pude entender cómo eligen una en particular para emitirla en un momento en particular" (…). "Soy un discapacitado conversacional" (Robison, 2008).

También es frecuente el detallismo extremo en los relatos y enumeraciones, y que hagan comentarios sin considerar el impacto que pueden causar en el otro. En muchos casos no encuentran mucho sentido a las charlas superficiales o a las actividades compartidas sin un fin específico. Y puede costarles comprender con claridad su rol en un grupo social o interpretar diferencias sutiles entre conductas de otros, como la diferencia entre si alguien está siendo amigable o está intentando iniciar una relación romántica. Muchas veces se les dificulta entablar y profundizar las relaciones de amistad o de pareja.

En el plano laboral puede hacérseles difícil superar las entrevistas iniciales, manejar el trabajo en equipo, la toma de iniciativas y decisiones, los cambios de rumbo, situaciones que pueden llevar a que dejen los trabajos que consiguieron. Y pueden mostrar desafíos para planificar y organizar su futuro basándose en proyectos realistas. Aunque si el trabajo que tienen se ajusta a sus intereses y es de baja demanda social, pueden tener muchos logros en lo laboral. Muchos adultos con SA son eficientes en trabajos técnicos (informática, ingeniería, contabilidad), pero muchos otros logran hacer carreras laborales en otras áreas científicas, artísticas o comerciales.

G. Entrevista clínica

Debe ser realizada por un clínico con experiencia en identificación y diagnóstico de SA y debe abarcar la historia del desarrollo cognitivo, de la comunicación y socioemocional, y el funcionamiento actual en las áreas de cognición social, motivación social, lenguaje y comunicación pragmática con énfasis en la habilidad para expresar las emociones propias y ajenas y las capacidades de conversación recíproca. También se debe profundizar sobre las características de la interacción social cotidiana, la amplitud de intereses y motivaciones, la flexibilidad del pensamiento y la conducta, el perfil sensorial y motor y las habilidades de autocuidado. Es importante considerar la historia médica personal y la historia familiar con énfasis en pesquisar miembros con características del espectro del autismo y del SA.

La información obtenida debe permitir configurar un patrón de características que cumplimenten los criterios clínicos de los manuales diagnósticos más utilizados, siguiendo también el criterio clínico obtenido con la experiencia de trabajo con personas con SA, ya que los criterios del DSM-5 no son específicos para Asperger, y los de la edición anterior (DSM-IV-TR) solo diferenciaban al SA del autismo a partir de que el primero no debía presentar atraso en el desarrollo cognitivo, del lenguaje y de las habilidades adaptativas (aspectos ampliamente discutidos por los especialistas). Pero, sobre todo, estos manuales proveen de una descripción superficial, difícilmente operacionalizable, con amplios márgenes para ser definida frente a los casos individuales por el clínico evaluador. Para el diagnóstico final confiable son imprescindibles el entrenamiento previo del profesional y la experiencia clínica en relación con la naturaleza del SA, los cuales no pueden reemplazarse por las clasificaciones, escalas o guías de observación.

Es importante descartar, en las personas con SA, trastornos depresivos o de ansiedad, a partir de que se presentan con mayor frecuencia en esta población.

Entrevista diagnóstica en niños: además de considerar el nivel y las cualidades de la comunicación verbal y no verbal del niño, evaluar su comprensión de las emociones y de las relaciones, su manejo de los espacios personales y su nivel y tipo de juego e intereses, es importante verlo interactuar en vivo con sus padres o cuidadores durante algunos minutos y, si es posible, también con compañeros o niños de su edad, conocidos y desconocidos. Muchas veces no está esa posibilidad, con lo cual podemos tomar los reportes de la familia y los informes escolares. La característica central del SA es la forma de relacionarse con los demás, y aparece de forma más clara en la interacción dentro de un grupo de niños de su edad. Existen algunas guías de observación, escalas, inventarios de síntomas y pruebas que pueden servir de apoyo para la pesquisa o para el diagnóstico de niños con síndrome de Asperger y de condiciones del espectro autista (ver anexo 2).

Entrevista diagnóstica en adultos: algo que puede dificultarse en la evaluación de adultos es la recolección de la historia evolutiva, por el tiempo transcurrido y porque puede no estar disponible un familiar que cuente con esa información. Para reemplazarla pueden utilizarse informes escolares, informes psicológicos previos o fotos y videos familiares. También existen algunas guías de observación, escalas, inventarios de síntomas y pruebas que pueden servir de apoyo para la pesquisa o para el diagnóstico de adultos con síndrome de Asperger y de condiciones del espectro autista (ver anexo 2).

H. Cómo transmitir un diagnóstico de síndrome de Asperger

Cuando se transmite un diagnóstico de SA, es importante aclarar que es un nombre que se pone a un conjunto de características de una persona. No es una enfermedad, ni algo que se le "descubre" a alguien a partir de estudios de imágenes o laboratorio. También es importante mencionar cuál es el objetivo de un diagnóstico de SA, y que está principalmente relacionado con la posibilidad de acceder a una comprensión más profunda de algunos eventos de su vida y algunas de las formas de percibir, reaccionar y actuar, y sobre todo con la posibilidad de acceso a información sobre apoyos y recursos que pueda necesitar.

Una forma didáctica de transmitir y explicar el diagnóstico a un adolescente o adulto, así como a la familia de un niño, es la propuesta por Tony Attwood (2007), quien desarrolla la idea de presentarlo "como un rompecabezas de 100 piezas", del cual algunas de ellas son esenciales (serían las características centrales del SA) y otras son las piezas de los bordes y las esquinas, que pueden ser intercambiables. Cuando se puede unir más del 80% de las piezas el diagnóstico queda configurado. Esta metáfora implica que muchas características no son patognomónicas del SA, sino que pueden estar presentes en otras personas. Pero una persona de desarrollo típico podrá tener unas 20 piezas o características, y algunos de quienes son derivados o consultan por sospecha de SA podrán tener más de 30 o 40 fichas, aunque pueden no ser suficientes o ser las fichas de los bordes y esquinas, y no las centrales.

Es importante transmitir, en el momento de dar el diagnóstico, cuáles son las características del SA más marcadas en cada persona y cuáles son las que generan más dificultades para la calidad de vida en esa persona; también se deberán mencionar las características positivas del SA en cada uno, las características propias que no tienen que ver con el SA, y otros diagnósticos psiquiátricos que pudieran estar presentes, y que podrían estar causando mayor sufrimiento e impedimento funcional que el propio SA.

Es importante discutir con la persona y su familia sobre lo que se sabe de las causas del SA, los programas existentes para abordarlo, los apoyos y servicios disponibles en el área de residencia en el ámbito público y privado, los grupos de apoyo de personas con SA y de familiares, y cualquier otro tema que necesiten consultar. Es fundamental coordinar una nueva entrevista luego de la transmisión del diagnóstico, para que tengan la oportunidad de reflexionar sobre la información recibida y pensar nuevas dudas o comentarios.

I. El diagnóstico de trabajo: un traje a medida para cada persona

La evaluación diagnóstica debe incluir también las áreas de fortalezas y habilidades, estén o no relacionadas con las características del síndrome. Estas fortalezas pueden relacionarse, por ejemplo, con los intereses absorbentes de la persona, con habilidades académicas o cualidades de la personalidad que deberán tenerse en cuenta para planificar los apoyos e intervenciones a futuro.

Para realizar el diagnóstico de trabajo puede ser necesaria la participación de un equipo interdisciplinario con especialistas en las áreas de psicología, neuropsicología, fonoaudiología, terapia ocupacional y psicopedagogía, entre otras (pueden no ser necesarias todas estas evaluaciones, según cada caso). Estos especialistas podrán realizar las evaluaciones complementarias estructuradas y semiestructuradas que hagan falta para planificar.

Será de vital importancia la evaluación del núcleo familiar y de los apoyos naturales con que cuenta la persona, las situaciones de estrés agudo o crónico a las que pudiera estar sometida, las enfermedades o condiciones médicas que presente, los recursos económicos con que cuente, la disponibilidad y accesibilidad de servicios en su área de residencia y demás variables que permitan una planificación centrada en la persona.

J. Reflexiones finales en relación con el diagnóstico de SA

La falta de una definición consensuada, basada en hallazgos empíricos, operacionalizable y confiable del SA hace más difícil el proceso diagnóstico. Por un lado, los niveles no ideales de evidencia en los que se basan los diversos criterios diagnósticos comúnmente utilizados contrastan con el rápido aumento de personas que reciben el diagnóstico. Y, por otro, hacen difícil la comparación entre diferentes estudios científicos, ya que los diagnósticos son realizados de forma poco estandarizada. El término síndrome de Asperger es utilizado de distintas maneras en la investigación, en la clínica y en las políticas públicas. Aún está por verse cuál será el futuro estatus nosográfico de este síndrome. El investigador Ami Klin presenta el problema de esta forma: "¿Se trata de personas con TEA y sin atraso en el desarrollo cognitivo y de lenguaje? ¿Incluye a todas las personas con TEA y nivel cognitivo acorde a la edad según las pruebas estandarizadas de inteligencia? ¿Se refiere a personas con características de autismo menos evidentes o con algunas diferencias en la forma de relacionarse, pero que no llevan necesariamente a impedimentos funcionales? ¿Es solo otra forma de percibir, aprender y estar en el mundo? ¿Es una condición psiquiátrica que da lugar a tratamientos, programas educativos y apoyos comunitarios? Los avances en el estudio de los factores del desarrollo que median las distintas manifestaciones clínicas podrán ir aclarando, a través de estudios longitudinales y prospectivos, la utilidad de esta categoría diagnóstica dentro de las condiciones del espectro del autismo" (Klin, 2005). Mientras tanto, lo que es una realidad incontrastable son los desafíos cotidianos que enfrenta la mayoría de las personas con esta condición, sea cual fuere el constructo diagnóstico que se les asigne.

Criterios diagnósticos *CIE 10* de síndrome de Asperger

A. Ausencia de retrasos clínicamente significativos del lenguaje o del desarrollo cognitivo. Para el diagnóstico se requiere que a los dos años haya sido posible la pronunciación de palabras sueltas y que al menos a los tres años el niño use frases aptas para la comunicación. Las capacidades que permiten una autonomía, un comportamiento adaptativo y la curiosidad por el entorno deben estar al nivel adecuado para un desarrollo intelectual normal. Sin embargo, los aspectos motores pueden estar de alguna forma retrasados y es frecuente que se presente torpeza de movimientos (aunque no necesaria para el diagnóstico). Es habitual la presencia de características especiales aisladas, a menudo en relación con preocupaciones anormales, aunque no se requieren para el diagnóstico.

B. Alteraciones cualitativas en las relaciones sociales recíprocas (del estilo de las del autismo).

C. Un **interés inusualmente intenso y circunscripto o patrones de comportamiento, intereses y actividades restringidos**, repetitivos y estereotipados, con criterios parecidos al autismo, aunque en este cuadro son menos frecuentes los manierismos y las preocupaciones inadecuadas por aspectos parciales de los objetos o por partes no funcionales de los objetos de juego.

D. No puede atribuirse el trastorno a otros tipos de trastornos generalizados del desarrollo, a trastorno esquizotípico, a esquizofrenia simple, a trastorno reactivo de la vinculación en la infancia de tipo desinhibido, a trastorno anancástico de personalidad, ni a trastorno obsesivo-compulsivo.

Criterios diagnósticos *DSM 5* de trastorno del espectro autista

A. **Deficiencias persistentes en la comunicación social y en la interacción social** en diversos contextos, manifestado por lo siguiente, actualmente o por los antecedentes (los ejemplos son ilustrativos, pero no exhaustivos):

1. Las deficiencias en la **reciprocidad socioemocional** varían, por ejemplo, desde un acercamiento social atípico y fracaso de la conversación típica en ambos sentidos, pasando por la disminución en intereses, emociones o afectos compartidos, hasta el fracaso en iniciar o responder a interacciones sociales.

2. Las deficiencias en las **conductas comunicativas no verbales** utilizadas en la interacción social varían, por ejemplo, desde una comunicación verbal y no verbal poco integrada, pasando por anomalías del contacto visual y del lenguaje corporal o deficiencias de la comprensión y el uso de gestos, hasta una falta total de expresión facial y de comunicación no verbal.

3. Las deficiencias en el **desarrollo, el mantenimiento y la comprensión de las relaciones** varían, por ejemplo, desde dificultades para ajustar el comportamiento en diversos contextos sociales, pasando por dificultades para compartir juegos imaginativos o para hacer amigos, hasta la ausencia de interés por otras personas.

B. **Patrones restrictivos y repetitivos de comportamiento, intereses o actividades**, que se manifiestan en dos o más de los siguientes puntos, actualmente o por los antecedentes (los ejemplos son ilustrativos, pero no exhaustivos):

1. **Movimientos, utilización de objetos o habla estereotipados o repetitivos** (por ejemplo, estereotipias motoras simples, alineación de los juguetes o cambio de lugar de los objetos, ecolalia, frases idiosincrásicas).

2. **Insistencia en la monotonía, excesiva inflexibilidad** de rutinas o patrones ritualizados de comportamiento verbal o no verbal (por ejemplo, gran angustia frente a cambios pequeños, dificultades con las transiciones, patrones de pensamiento rígidos, rituales de saludo, necesidad de tomar el mismo camino o de comer los mismos alimentos cada día).

3. **Intereses muy restringidos y fijos**, que son anormales en cuanto a su intensidad o foco de interés (por ejemplo, fuerte apego o preocupación por objetos inusuales, intereses excesivamente circunscriptos o perseverantes).

4. **Hiper o hiporreactividad a los estímulos sensoriales** o interés inhabitual por aspectos sensoriales del entorno (por ejemplo, indiferencia aparente al dolor/temperatura, respuesta adversa a

sonidos o texturas específicos, olfateo o palpación excesiva de objetos, fascinación visual por las luces o el movimiento).

C. Los síntomas deben de estar presentes en las primeras fases del período de desarrollo (pero pueden no manifestarse totalmente hasta que la demanda social supera las capacidades limitadas, o pueden estar enmascarados por estrategias aprendidas en fases posteriores de la vida).

D. Los síntomas causan un deterioro clínicamente significativo en lo social, laboral u otras áreas importantes del funcionamiento habitual.

E. Estas alteraciones no se explican mejor por la discapacidad intelectual (trastorno del desarrollo intelectual) o por el retraso global del desarrollo. La discapacidad intelectual y el trastorno del espectro autista con frecuencia coinciden; para hacer diagnósticos de comorbilidades de un trastorno del espectro autista y discapacidad intelectual, la comunicación social ha de estar por debajo de lo previsto para el nivel general de desarrollo.

Nota: a los pacientes con un diagnóstico bien establecido, según el DSM-IV, de trastorno autista, enfermedad de Asperger o trastorno generalizado del de-

sarrollo no especificado de otro modo se les aplicará el diagnóstico de trastorno del espectro autista. Los pacientes con deficiencias notables de la comunicación social, pero cuyos síntomas no cumplen los criterios de trastorno del espectro autista, deben ser evaluados para diagnosticar el trastorno de la comunicación social (pragmática).

Especificar si:

◈ Con o sin déficit intelectual acompañante.

◈ Con o sin deterioro del lenguaje acompañante.

◈ Asociado a una afección médica o genética, o a un factor ambiental conocido. *(Nota de codificación: utilizar un código adicional para identificar la afección médica o genética asociada).*

◈ Asociado a otro trastorno del neurodesarrollo, mental o del comportamiento. *(Nota de codificación: utilizar un código(s) adicional(es) para identificar el trastorno(s) del neurodesarrollo, mental o del comportamiento asociado(s)).*

◈ Con catatonía (véanse los criterios de catatonía asociados a otro trastorno mental). *(Nota de codificación: utilizar el código adicional 293.89 [F06.1] catatonía asociada a trastorno del espectro autista para indicar la presencia de la catatonía concurrente).*

A. Alteración cualitativa de la **interacción social**, manifestada al menos por dos de las siguientes características:

1. Importante alteración del uso de múltiples **comportamientos no verbales** como contacto ocular, expresión facial, posturas corporales y gestos reguladores de la interacción social.

2. Incapacidad para desarrollar **relaciones con compañeros** apropiadas al nivel de desarrollo del sujeto.

3. Ausencia de la **tendencia espontánea a compartir disfrutes**, intereses y objetivos con otras personas (por ejemplo, no mostrar, traer o enseñar a otras personas objetos de interés).

4. Ausencia de **reciprocidad social o emocional**.

B. Patrones de **comportamiento, intereses y actividades restrictivos, repetitivos** y estereotipados, manifestados al menos por una de las siguientes características:

1. Preocupación absorbente por uno o más patrones de interés estereotipados y restrictivos que

son anormales, sea por su intensidad, sea por su objetivo.

2. Adhesión aparentemente inflexible a rutinas o rituales específicos, no funcionales.

3. Manierismos motores estereotipados y repetitivos (por ejemplo, sacudir o girar manos o dedos, o movimientos complejos de todo el cuerpo).

4. Preocupación persistente por partes de objetos.

C. El trastorno causa un deterioro clínicamente significativo de la actividad social, laboral y otras áreas importantes de la actividad del individuo.

D. No hay retraso general del lenguaje clínicamente significativo (por ejemplo, a los 2 años utiliza palabras sencillas, a los 3 años utiliza frases comunicativas).

E. No hay retraso clínicamente significativo del desarrollo cognoscitivo ni del desarrollo de habilidades de autoayuda propias de la edad, comportamiento adaptativo (distinto de la interacción social) y curiosidad acerca del ambiente durante la infancia.

F. No cumple los criterios de otro trastorno generalizado del desarrollo ni de esquizofrenia.

Criterios de Gillberg para el diagnóstico del síndrome de Asperger

1. **Déficit en la interacción social** (al menos dos de los siguientes):

    ◈ Incapacidad para interactuar con iguales.

    ◈ Falta de deseo e interés de interactuar con iguales.

    ◈ Falta de apreciación de las claves sociales.

    ◈ Comportamiento social y emocionalmente inapropiado a la situación.

2. **Intereses restringidos y absorbentes** (al menos uno de los siguientes):

    ◈ Exclusión de otras actividades.

    ◈ Adhesión repetitiva.

    ◈ Más mecánicos que significativos.

3. **Imposición de rutinas e intereses** (al menos uno de los siguientes):

    ◈ Sobre sí mismo en aspectos de la vida.

    ◈ Sobre los demás.

4. **Problemas del habla y del lenguaje** (al menos tres de los siguientes):

    ◈ Retraso inicial en el desarrollo del lenguaje.

- ◈ Lenguaje expresivo superficialmente perfecto.
- ◈ Características peculiares en el ritmo, la entonación y la prosodia.
- ◈ Dificultades de comprensión, que incluyen interpretación literal de expresiones ambiguas o idiomáticas.

5. **Dificultades en la comunicación no verbal** (al menos uno de los siguientes):
   - ◈ Uso limitado de gestos.
   - ◈ Lenguaje corporal torpe.
   - ◈ Expresión facial limitada.
   - ◈ Expresión inapropiada.
   - ◈ Mirada peculiar, rígida.

6. **Torpeza motora**
   - ◈ Retraso temprano en el área motriz o alteraciones en pruebas de neurodesarrollo.

Criterios de Szatmari para el diagnóstico del síndrome de Asperger

1. **Aislamiento social** (dos de los siguientes):
   - Ausencia de relaciones de amistad.
   - Evita activamente el contacto social con otros.
   - Ausencia de interés en formar relaciones de amistad.
   - Tendencia hacia un estilo de vida solitario.

2. **Trastorno en la interacción social** (uno de los siguientes):
   - Iniciación de la interacción social para satisfacer sus necesidades personales.
   - Iniciación torpe y poco efectiva de la interacción social.
   - Interacciones sociales unilaterales dentro de su grupo de referencia.
   - Dificultad para percibir y comprender los sentimientos expresados por otros.
   - Indiferencia hacia los sentimientos de los demás.

3. **Trastornos de la comunicación no verbal** (uno de los siguientes):
   - Expresiones faciales de afecto limitadas.

◈ Los cuidadores o los padres tienen dificultades para inferir los estados emocionales del niño debido al aplanamiento de sus expresiones emocionales.

◈ Contacto ocular limitado.

◈ El contacto ocular no se utiliza como regulador de la comunicación.

◈ No utiliza las manos para expresarse.

◈ Sus gestos suelen ser torpes y exagerados.

◈ No mantiene la distancia apropiada con otros.

◈ Puede acercarse demasiado a la gente.

4. **Lenguaje idiosincrásico y excéntrico** (dos de los siguientes):

◈ Anomalía en la inflexión de la voz.

◈ Habla demasiado.

◈ Habla muy poco.

◈ Falta de cohesión en la conversación.

◈ Uso idiosincrásico de palabras.

◈ Patrones repetitivos del habla.

5. Exclusión de los criterios de diagnóstico según el DSM para: *autismo infantil*.

Escalas, guías de observación, cuestionarios, inventarios de síntomas, pruebas para pesquisa, orientación y apoyo al diagnóstico de SA

Algunos de estos instrumentos pueden utilizarse en las consultas de atención primaria, previamente a la evaluación clínica especializada, o bien para complementar la evaluación del especialista. Ninguno de estos instrumentos mostró confiabilidad para delimitar, por sí solo, el diagnóstico definitivo de SA (Conner, 2019), de manera que pueden utilizarse como pesquisa o como apoyo al diagnóstico teniendo en cuenta que su resultado puede no coincidir con el diagnóstico clínico final.

Muchos de ellos son de utilización libre, inclusive pueden completarse en línea en algunos sitios; por ejemplo en:

◈ http://espectroautista.info/tests.html

◈ http://asperger.org.ar/diagnostico/

◈ http://www.agapap.org/druagapap/system/files/ EscalaAutonoma.pdf

◈ https://mchatscreen.com/wp-content/
uploads/2015/09/M-CHAT-R_F_Rev_
Aug2018.pdf

◈ https://mchatscreen.com/wp-content/
uploads/2015/05/M-CHAT-R_F_Spanish_
Spain.pdf

◈ http://www.panaacea.org/espectro-autista/de-
teccion-temprana/csbs-dp/

◈ http://www.panaacea.org/espectro-autista/de-
teccion-temprana/m-chat-rf/

◈ http://www.panaacea.org/espectro-autista/de-
teccion-temprana/m-chat-rf/

A. Evaluaciones, guías y cuestionarios utilizados para **niños y adolescentes**:

a. Índice de Krug para trastorno de Asperger (KADI) (Krug, 2002).

b. Escala de sensibilidad social (SRS y SRS-2) (Constantino, 2005, 2012).

c. Escala para síndrome de Asperger en la niñez (CAST) (Williams, 2005).

d. Escala australiana para síndrome de Asperger en edad escolar (ASAS) (Garnett & Attwood, 1998).

e. Escala diagnóstica para síndrome de Asperger (ASDS) (Myles, 2001).

f. Guía de observación diagnóstica del autismo (ADOS) (Lord, 2000, 2014).

g. Entrevista diagnóstica de autismo (ADI-R) (Lord, 1994).

h. Developmental, Dimensional and Diagnostic Interview (3Di) (Skuse, 2004).

i. Examen del estado mental en autismo (AMSE) (Grodberg, 2009).

j. Entrevista diagnóstica para trastornos sociales y comunicacionales (DISCO) (Wing, 2002).

k. Social-Emotional Growth Chart and Questionnaire (Greenspan, 2001).

l. Historias extrañas (Happé, 1994).

m. Historias de la vida cotidiana (Kaland, 2002).

n. Cociente de empatía / sistematización (versión para niños) (EQC-SQC) (Auyeung, 2009).

o. Cuestionario modificado de detección temprana de autismo (para niños de entre 1 y 3 años), revisado y con entrevista de seguimiento (M-CHAT-R/F) (Robins, 2009).

p. Quantitative Checklist for Autism in Toddlers (Q-Chat) (Allison, 2008).

q. Escala de perfil de desarrollo de la comunicación y las conductas simbólicas (CSBS-DP) (Wetherby, 2002).

B. Evaluaciones, guías de observación y cuestionarios utilizados para adultos:

   a. Evaluación para Asperger en adultos (AAA) (Baron-Cohen, 2005).

   b. Cociente de espectro autista (ASQ) (Baron-Cohen, 2005).

   c. Cociente de sistematización revisado (SQR) (Wheelwright, 2006).

   d. Cociente de empatía (Baron-Cohen, 2005).

   e. Test de la mente en la mirada (Golan, 2006).

   f. Escala de sensibilidad social (SRS; SRS-2) (Constantino, 2005, 2012).

   g. Guía de observación diagnóstica del autismo (ADOS – Módulo 4) (Lord, 2000, 2014).

   h. Entrevista diagnóstica de autismo (ADI-R) (Lord, 1994).

   i. Developmental, Dimensional and Diagnostic Interview (3Di) (Skuse, 2004).

   j. Examen del estado mental en autismo (AMSE) (Grodberg, 2009).

   k. Escala autónoma para la detección del síndrome de Asperger y el autismo de alto nivel de funcionamiento (http://www.agapap.org/).

Bibliografía

ALLISON, C.; BARON-COHEN, S.; WHEELWRIGHT, S.; CHARMAN, T.; RICHLER, J.; PASCO, G. AND BRAYNE, C. (2008). "The Q-CHAT (Quantitative Checklist for Autism in Toddlers): A Normally Distributed Quantitative Measure of Autistic Traits at 18-24 Months of Age: Preliminary Report". *J Autism Dev Disord*, 38 (8): 1414-1425.

AMARAL, D. et al. (2011). *Autism Spectrum Disorders*. NY: Oxford University Press.

AMERICAN PSYCHIATRIC ASSOCIATION (1994). *Diagnostic and Statistical Manual of Mental Disorders*. 4th ed.. Washington.

AMERICAN PSYCHIATRIC ASSOCIATION (2000). *Diagnostic and Statistical Manual of Mental Disorders*. 4th ed. Text rev, DSM-IV-TR. Washington.

AMERICAN PSYCHIATRIC ASSOCIATION (2013). *Diagnostic and Statistical Manual of Mental Disorders*. 5th ed. Washington.

ASPERGER, H. (1944). "Die 'Autistischen Psychopathen' im Kindesalter". *Archiv für Psychiatrie und Nervenkrankheiten*, (117): 76-136.

ATTWOOD, T. (1998). *Síndrome de Asperger. Una guía para la familia*. Barcelona: Paidós.

ATTWOOD, T. (2007). *Guía completa del síndrome de Asperger*. Londres: Jessica Kingsley Publisher.

AUYEUNG, B. et al. (2009). "The Children's Empathy Quotient and Systemizing Quotient: Sex Differences in Typical Development and in Autism Spectrum Conditions". *Journal of Autism and Developmental Disorders*, 39 (11): 1509-1521.

BARON-COHEN, S.; HOEKSTRA, R. A.; KNICKMEYER, R.; WHEELWRIGHT, S. (2006). "The Autism-Spectrum Quotient (AQ) - Adolescent Version". *Journal of Autism and Developmental Disorders*, 36 (3): 343-350.

BARON-COHEN, S.; WHEELWRIGHT, S.; ROBINSON, J.; WOODBURY-SMITH, M. R. (2005). "The Adult Asperger Assessment

(AAA): A Diagnostic Method". *Journal of Autism and Developmental Disorders*, 35 (6): 807-819.

BARON-COHEN, S.; WHEELWRIGHT, S. (2004). "The Empathy Quotient: An Investigation of Adults with Asperger Syndrome or High Functioning Autism, and Normal Sex Differences". *Journal of Autism and Developmental Disorders*, 34 (2): 163-175.

CONNER, M. C. et al. (2019). "Examining the Diagnostic Validity of Autism Measures Among Adults in an Outpatient Clinic Sample". *Autism in Adulthood*, 1(1).

CONSTANTINO, J.; GRUBER, C. P. (2005). *Social Responsiveness Scale (SRS)*. Los Angeles, CA: Western Psychological Services.

CONSTANTINO, J., GRUBER, C. P. (2012). *Social Responsiveness Scale - Second Ed (SRS-2)*. Los Angeles, CA: Western Psychological Services.

FREIRE PRUDENCIO, S. et al. (2003). *Un acercamiento al síndrome de Asperger: una guía teórica y práctica*. Madrid: Asociación Asperger España.

GILLBERG, C. I.; GILLBERG, C. (1989). "Asperger's Syndrome-Some Epidemiological Considerations: A Research Note". *Journal of Child Psychology and Psychiatry*, 30 (4): 631-638.

GOLAN, O.; BARON-COHEN, S.; HILL, J. (2006). "The Cambridge Mindreading (CAM) Face-Voice Battery: Testing Complex Emotion Recognition in Adults with and Without Asperger Syndrome". *J Autism Dev Disord*, 36 (2): 169-83.

GREENSPAN, S. I. (2004). *Greenspan Social-Emotional Growth Chart: A Screening Questionnaire for Infants and Young Children*. San Antonio, TX: PsychCorp.

GRODBERG, D.; WEINGER, P. M.; KOLEVZON, A.; SOORYA, L.; BUXBAUM, J. D. (2012). "Brief Report: The Autism Mental Status Examination: Development of a Brief Autism-Focused Exam". *Journal of Autism and Developmental Disorders*, 42: 455-459.

HAPPÉ, F. G. E. (1994). "An Advanced Test of Theory of Mind: Understanding of Story Characters' Thoughts and Feelings by Able

Autistic, Mentally Handicapped, and Normal Children and Adults". *J Autism Dev Disord*, 24 (2): 129-154.

HUMPHREY, M. (1986). *La mirada interior*. Madrid: Alianza.

ROBISON, J. E. (2008). *Look Me In The Eye: My Life with Asperger's*. NY: Crown Publishing Group.

KALAND, N.; MOLLER-NIELSEN, A.; CALLESEN, K.; MORTENSEN, R.; GOTTLIEB, D. & SMITH, L. (2002). "A New 'Advanced' Test of Theory of Mind: Evidence from Children and Adolescents with Asperger Syndrome". *Journal of Child Psychology and Psychiatry and Allied Disciplines*, 43 (4): 517-528.

KLIN, A. et al. (2005) "Asperger Syndrome". In: Volkmar, F. R. et al. *Handbook of Autism and Pervasive Developmental Disorders*. 3rd ed. Hoboken, NJ: Wiley, pp. 88-125.

KRUG, D. A. & ARICK, J. R. (2003). *Krug Asperger Disorder Index (KADI)*. Austin, TX: Pr Ed.

LEEKAM, S. R.; LIBBY, S. J.; WING, L.; GOULD, J.; TAYLOR, C. (2002). "The Diagnostic Interview for Social and Communication Disorders: Algorithms for ICD-10 Childhood Autism and Wing and Gould Autistic Spectrum Disorder". *J Child Psychol Psychiatry*, Mar, 43 (3): 327-42.

LORD, C.; RUTTER, M. & LE COUTEUR, A. (1994). "Autism Diagnostic Interview Revised: A Revised Version of a Diagnostic Interview for Caregivers of Individuals with Possible Pervasive Developmental Disorders". *Journal of Autism and Developmental Disorders*, 24 (5): 659–685.

ROBINS, D.; FEIN, D. & BARTON, M. (2009). *Cuestionario modificado de detección temprana de autismo (para niños entre 1 y 3 años)*. Revisado y con entrevista de seguimiento (M-CHAT-R/F). Disponible en: https://mchatscreen.com/wp content/uploads/2015/05/M-CHAT-R_F_Spanish_Spain.pdf.

SIMPSON, R.; MYLES, B. & JONES-BOCK, S. (2001). *Asperger Syndrome Diagnostic Scale (ASDS)*.

Skuse, D. et al. (2004). "The Developmental, Dimensional and Diagnostic Interview (3Di): A Novel Computerized Assessment for Autism Spectrum Disorders". *J American Acad of Child and Adolesc Psychiatry*, 43 (5): 548-558.

Greenspan, S. I. & Wieder, S. (2006). *Engaging Autism*. Philadelphia: Da Capo Press.

Szatmari, P.; Bremner, R.; Nagy, J. (1989). "Asperger's Syndrome: A Review of Clinical Features". *Canadian Journal of Psychiatry*, 34 (6): 554-560.

Volkmar, F. et al. (2014). *Adolescents and Adults with Autism Spectrum Disorders*. NY: Ed. Springer.

Wetherby, A. M.; Prizant, B. M. (2002). *CSBS DP Manual: Communication and Symbolic Behavior Scales Developmental Profile*. Baltimore, Md: Paul H. Brookes Pub.

Wheelwright, S.; Baron-Cohen, S.; Goldenfeld, N.; Delaney, J.; Fine, D.; Smith, R.; Weil, L.; Wakabayashi, A. (2006). "Predicting Autism Spectrum Quotient (AQ) from the Systemizing Quotient-Revised (SQ-R) and Empathy Quotient (EQ)". *Brain Research*, 1079 (1): 47-56.

Williams, J.; Scott, F.; Stott, C.; Allison, C.; Bolton, P.; Baron-Cohen, S. & Brayne, C. (2005). "The CAST (Childhood Asperger Syndrome Test): Test Accuracy". *Autism*, 9 (1): 45-68.

Wing, L. (1981). "Asperger's Syndrome: A Clinical Account". *Psychological Medicine*, 11(1): 115-129.

World Health Organization. International Statistical Classification of Diseases and Related Health Problems. Tenth Revision. Vol. 1: Tabular List, 1992. Vol. 2: Instruction Manual, 1993. Vol. 3: Index (in press). Geneva.

7.
COMORBILIDADES: OTRAS ENTIDADES QUE SE DAN JUNTAMENTE CON LOS TRASTORNOS DEL ESPECTRO AUTISTA. DIAGNÓSTICO DIFERENCIAL: OTRAS ENTIDADES CON SIMILITUDES CON LOS TEA

por VANESA AIELLO ROCHA
Y MARÍA SUSANA MOSQUERA

El síndrome de Asperger (SA) suele presentarse acompañado de otros trastornos que aquí desarrollaremos. Por eso, el trabajo más difícil para el profesional, que no es instantáneo, ya que puede llevar varias entrevistas e incluso prestarse a confusión, es cuando existe comorbilidad. La comorbilidad es la aparición de dos enfermedades o trastornos en un individuo con mayor frecuencia de la que se daría para cada una de ellas aislada en la población general. Es decir, si una enfermedad X tiene una prevalencia del 1 por mil en la población general, esa misma enfermedad X, en la población de enfermos de Y, tiene una prevalencia de 1%.

Es muy importante realizar un diagnóstico diferencial y discriminar la comorbilidad, ya que se constituye en un factor pronóstico en sí mismo. El diagnóstico diferencial puede discriminar la presencia del síndrome o bien su ausencia. Sin embargo, muchas veces aparece cierta sintomatología que se presenta como comórbida del diagnóstico principal y dificulta la realización de un diagnóstico preciso.

Los aspectos centrales para el diagnóstico de síndrome de Asperger incluyen una evaluación de la habilidad para asumir perspectivas emocionales de otros, expresiones no verbales y la historia del comportamiento social del niño.

El primer diagnóstico diferencial que hacemos al tener frente a nosotros a un paciente con SA es con trastorno obsesivo-compulsivo (TOC) (Lehnhardt, 2013).

Una viñeta clínica: *Unos años atrás tuvimos la oportunidad de trabajar con una niña y su familia que viajaban desde muy lejos, del interior del país. Consultaban "rendidos". El diagnóstico con el que venía, emitido por una "eminencia", era Asperger. No veían progresos, en especial en el lenguaje. Este dato nos llamó la atención. Vimos a la niña sola y luego a solas, pero con el equipo. En una etapa a solas, la evaluamos con escalas para TOC para chicos. Efectivamente, según nuestro entender, la niña no tenía trastorno del espectro autista (TEA); no tenía síndrome de Asperger. Tenía TOC sin comorbilidad con TEA. El problema del lenguaje era parte de la sintomatología del espectro TOC, el cual desapareció con técnicas específicas para el TOC. Fue una tarea difícil explicarles a los padres, pero cuando entendieron, sintieron alivio.*

Este es un ejemplo de por qué es importante realizar un diagnóstico adecuado lo antes posible. Si el lector es padre o madre, recuerde que tiene todo su derecho a hacer cuantas consultas considere necesarias. Tómese su tiempo. Averigüe. Pregunte. Realice interconsultas.

Ahora sí, una vez que nos preguntamos por el diagnóstico, tanto el paciente como su familia, psiquiatra y psicólogo realizan evaluaciones constantemente, sobre avances y retrocesos. En este punto es cuando muchas veces se plantea la interconsulta.

Retrotrayéndonos un poco en el tiempo y algo que vuelve a ocurrir en esta oportunidad, se evalúan progresos, se reevalúan diagnósticos, comorbilidades y diagnósticos diferenciales, es el punto clave del diagnóstico.

Espectro autista; síndrome de Asperger

Primero debe hacerse un diagnóstico diferencial con TOC porque un porcentaje de pacientes con SA llamó la atención de los profesionales por los **rituales compulsivos** (Klin, & Volkmar, 1997; Martin, Patzar, & Volkmar, 2000, en Vanbergeijk & Shatyermman, "Asperger's Syndrome," 2005). Además, el TOC suele acompañarse de trastorno de ansiedad generalizada cuando la persona tiene síndrome de Asperger. Estos trastornos se manifiestan ante un estallido del temperamento o derrumbe emocional. Las depresiones severas son comunes y algunas personas tienen ideaciones suicidas; otras abusan de sustancias y en otras más se desencadena el trastorno bipolar.

Las conductas agresivas y la irritabilidad son los principales síntomas que llevan a la consulta en un niño con trastorno bipolar. Los síntomas de manía e hipomanía que pueden presentar son humor elevado o lábil, distractibilidad, agitación psicomotriz y grandiosidad. Si estas conductas suceden durante episodios que representan un cambio desde el funcionamiento normal del paciente, deben diagnosticarse tanto el síndrome de Asperger como el trastorno bipolar. Sin embargo, hay veces en que estos síntomas están entrelazados con los problemas de regulación de las emociones y de procesamiento del lenguaje característicos del síndrome. Es decir, estos niños muchas veces se encuentran abrumados por ciertos estímulos sensoriales, cambios en el ambiente y transiciones que pueden aparecer como altibajos emocionales o cambios de carácter. Más aún, los niños con síndrome de Asperger tienden a tener un lenguaje concreto y dificultades para reconocer y expresar sentimientos, por lo que resulta todo un desafío obtener una descripción subjetiva adecuada de euforia, grandiosidad, depresión o falta de placer.

Por otra parte, existen altas tasas de trastorno bipolar en familiares de pacientes con síndrome de Asperger. Se sugiere que las tasas de comorbilidad con trastorno bipolar son altas en las CEA de alto funcionamiento. La intensidad, la inteligencia, la ansiedad, la persistencia y la obsesión son rasgos comunes en estas familias.

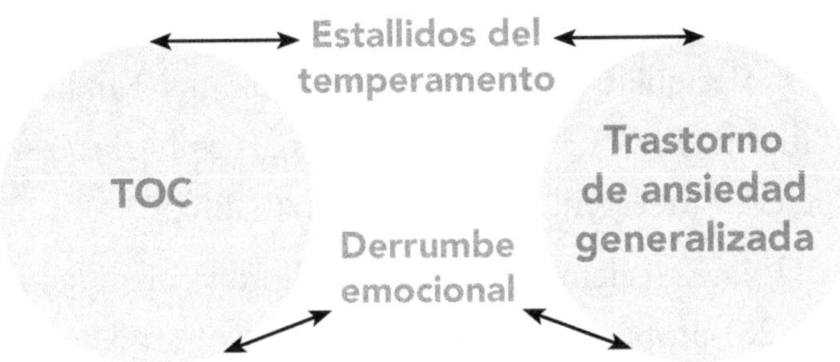

Figura 1: relación entre el TOC y el trastorno de ansiedad generalizada comórbido con el síndrome de Asperger y otros trastornos.

Las dificultades en las funciones ejecutivas (de su rehabilitación se encarga la neuropsicología) se observan tanto en el síndrome de Asperger como en otros trastornos. Un aspecto a considerar es que se ha prestado poca atención a los cambios importantes a nivel motor. Los estudios se dividieron, entonces, en visuales y motores, y los resultados han sido disímiles. Sin embargo, siempre se ha indicado al lenguaje como un punto fuerte, objeto de intervenciones. Se ha discutido, pero finalmente arribado a convenios relativos a la sub y sobrerrespuesta del sistema sensorial (Blakemore et al., 2006; Cascio et al., 2008). Por el contrario, el reapuntalamiento y el trabajo con el sistema motor ha quedado relegado.

Unos investigadores encontraron que de 35 pacientes con síndrome de Asperger, el 65% tenía otro trastorno psiquiátrico (Ghaziuddin, Weidmer-Mikhail & Ghaziuddin, 1998), ya sea de etiología endógena o exógena (Vanbergeijk & Shtayermman, 2005).

En una reciente investigación, Lord y colaboradores (2020) propusieron que los niños menores de 6 años de edad tenían un 50% de comorbilidad con ansiedad, 40% de trastornos por déficit atencional con hiperactividad (TDAH), 40% de fobias específicas y 20% de trastornos de conducta u oposicionista. Los menores de 12 años, 30% de ansiedad, 30% de TDAH y 15% de trastornos de conducta u oposicionista. Se observa cómo disminuye el porcentaje de los tres trastornos comórbidos en función del crecimiento. En la adultez, la ansiedad y la fobia social constituyen un grupo de 30%, aparece la depresión con un 20% y el TOC con un 20% (Lord et al., 2020). Sin embargo, estos autores postulan que las cifras pueden estar sesgadas por los instrumentos que se utilizaron para la investigación, así como por la población de estudio.

Si usted no es un experto en investigación, tenga presente que los resultados de una investigación, en caso de que estuvieran sesgados, significarían que las cifras no son confiables hasta que se realice otra que las confirme. Una ventaja es que la investigación brinda una orientación al clínico para hacer un zoom sobre determinados elementos diagnósticos.

La investigación arriba mencionada, realizada por un grupo destacado de profesionales (Lord et al., 2020), nos invita al juicio crítico. Por ejemplo, si nosotros hemos visto pacientes con síndrome de Asperger y sospechamos que tienen TOC, lo lógico es derivarlos a una interconsulta con alguien que sea experto en TOC.

Estudios sobre síndrome de Asperger y TOC hallaron que los pacientes con SA presentaban mayor sintomatología de acumulación (con mayor frecuencia respecto del desarrollo típico de un niño), repetición y orden; mientras que los pacientes con TOC presentaban mayores ideas de contaminación, obsesiones de agresividad y compulsiones de chequeo. Es de destacar que el nivel de *insight* (conciencia de enfermedad) era pobre tanto para los pacientes con SA como para aquellos con TOC (Ruta et al., 2010).

El TDAH suele ser el diagnóstico inicial y se convierte luego en secundario al SA (Vanbergeijk & Shtayermman, 2005). Un 40% de pacientes con TOC presenta síntomas de TDAH (Tarazi, Sahli, Pleskow & Mousa, 2015).

Otro trastorno comórbido con SA suele ser el síndrome de Gilles de la Tourette (SGT). Baron-Cohen y colaboradores (1999) estimaron que un 50% de los pacientes con SA tiene SGT y Tarazi, Sahil, Pleskow y Mousa (2015) lo estimaron en un 60%. Es importante señalar que en el TOC y el SGT hay obsesiones que pueden relacionarse con rituales o conductas compulsivas de modo estereotípico (Tarazi, Sahli, Pleskow & Mousa, 2015). También quisiéramos volver a señalar la importancia de un buen diagnóstico, debido a que muchas veces el SGT y el TOC se confunden con el SA por la sintomatología señalada.

La esquizofrenia comórbida con SA es poco común, así como el trastorno bipolar. Este último suele complicar el diagnóstico de SA por la preeminencia de síntomas afectivos y arrebatos emocionales. Por el contrario, la depresión es una de las comorbilidades más diagnosticadas en SA a cualquier edad debido al aislamiento, y se manifiesta como tristeza, enojo y frustración (Tarazi, Sahli, Pleskow & Mousa, 2015).

El trastorno sociopragmático de la comunicación se caracteriza por: déficits en el uso de la comunicación para propósitos sociales, como saludar y compartir información de manera apropiada al contexto social. También, por dificultad para cambiar la comunicación de acuerdo a las necesidades del interlocutor; por ejemplo, saber qué vocabulario y tono utilizar en el patio de la escuela y cuáles en la clase, y evitar el uso excesivamente formal del lenguaje. Hay dificultades para seguir reglas de conversación y contar historias, explicar cuando no se entendió y saber cómo usar gestos para regular la interacción. Se presentan, asimismo, dificultades para comprender lo que no está dicho explícitamente (hacer inferencias) y significados ambiguos o no literales del lenguaje. ¿Hasta aquí qué hay de diferente con los TEA? La clasificación separada se hace sobre la base de la presencia de conductas, intereses y actividades restringidos y repetitivos en el TEA y de la ausencia en el trastorno sociopragmático de la comunicación.

La epilepsia es frecuente como enfermedad acompañante o comorbilidad hasta en un 30% de las personas con autismo. Los niños con autismo pueden mostrar descargas epileptiformes en mayor proporción que la población general, y es parte del protocolo de evaluación inicial de los TEA realizar un electroencefalograma.

También es importante mencionar que el TEA tiene una presentación primaria (sin otra enfermedad o trastorno asociado) y otra secundaria. En esta última forma, otros trastornos neurológicos que afecten posiblemente las mismas redes pueden acompañarse en ocasiones de TEA. Cuando un niño es diagnosticado, tiene cerca de 10-30% de posibilidades de tener otra enfermedad neurológica de base, por lo que deben hacerse estudios que las detecten.

Si bien el siguiente párrafo puede parecer del resorte del especialista, creemos que es bueno que todos seamos curiosos y estemos informados acerca de temas de salud. Es la mejor forma de hacer preguntas valiosas a la hora de encontrarse con un profesional, hasta de "ponerlo en jaque", en pos de la salud propia y de los allegados y familiares.

Dicho esto, veamos someramente algunas condiciones que pueden ser causa de TEA secundario:

1. Síndromes genéticos:

◈ Síndrome de X frágil: se presenta en 4-8% de los pacientes con diagnóstico de autismo y se caracteriza por discapacidad intelectual, testículos agrandados, lenguaje perseverante y repetitivo, pobre contacto visual y anomalías en la forma de la cara. Afecta principalmente a los varones.

◈ Síndrome de Angelman: se observa en el 2-4% de los pacientes con TEA y se encuentra afectada la misma región del síndrome de Prader-Willi, aunque la alteración proviene del lado materno. Sus características son la hiperactividad, el aleteo de manos, las convulsiones, la discapacidad intelectual, el estrabismo, una muy baja habilidad lingüística, criptorquidia (testículos ocultos, no descendidos al escroto) y microcefalia (cabeza pequeña).

◈ Síndrome de Prader-Willi: se presenta en el 1-4% de los casos de autismo. Estos pacientes presentan hipotonía (bajo tono muscular), discapacidad intelectual, obesidad, avidez por la comida, trastorno obsesivo-compulsivo, baja sociabilidad y verborragia (hablan en exceso).

◈ Síndrome de Williams: se caracteriza por discapacidad intelectual leve a moderada, problemas del corazón y vasos sanguíneos, frente amplia, nariz corta, labios gruesos, trastorno por déficit de atención con hiperactividad, fobias y otros rasgos.

◈ Síndrome de Timothy: además de las características autistas, se presentan arritmias cardíacas letales, cardiopatías congénitas, déficits inmunitarios, hipoglucemias y alteraciones cognitivas.

◈ Síndrome de Down: en un 42% de los pacientes con este síndrome se diagnosticó TEA usando métodos validados de diagnóstico (ADOS-ADI-R). Estos métodos se describirán en la sección diagnóstico.

◈ Síndrome de Rett: afecta principalmente a las mujeres, y en el caso de los varones resulta letal. Está relacionado con un gen que interviene en el desarrollo del cerebro. En este síndrome hay regresión psicomotora, movimientos estereotipados, marcha atáxica (incoordinada) y falta de interacción social.

2. Enfermedades neurocutáneas: son enfermedades que se presentan tanto en la piel como en el sistema nervioso. Como dato interesante, nos gusta comentar que la piel se forma en la misma capa embrionaria que el sistema nervioso, el ectodermo. Curioso, ¿verdad?

◈ La esclerosis tuberosa es un ejemplo de estas enfermedades. En un estudio pequeño, se asoció al autismo en un 41% de los casos. El TEA asociado con la esclerosis tuberosa presenta menos conductas repetitivas que el TEA sin esta asociación. Las convulsiones y la discapacidad intelectual son frecuentes.

◈ La neurofibromatosis es otra de estas enfermedades, y también con datos de un estudio pequeño, podemos decir que la prevalencia del autismo en esta condición es del 21 al 40%. Las personas con esta asociación presentan más contacto ocular, menos conductas repetitivas y mejores habilidades de lenguaje que las que no tienen neurofibromatosis.

◈ Hay infecciones pre y perinatales como el herpes, la infección por citomegalovirus y la rubéola, que han sido implicadas en la génesis de los TEA.

◈ Otras enfermedades, llamadas neurometabólicas, también pueden asociarse a los TEA. Por ejemplo, la fenilcetonuria no tratada.

El uso de fármacos durante el embarazo (por ejemplo, la administración de ácido valproico) se asocia a la disminución de vitamina B9 o ácido fólico, y esto tendría incidencia en la aparición de TEA.

La epilepsia es frecuente como enfermedad acompañante o comorbilidad hasta en un 30% de las personas con autismo y se da en varias de las condiciones mencionadas.

Hemos intentado resumir una vasta bibliografía en relación con las posibles comorbilidades y con la necesidad de un buen diagnóstico. Los trastornos aquí mencionados son los más referidos en las investigaciones, pero de ningún modo excluyentes.

Bibliografía

AMERICAN PSYCHIATRIC ASSOCIATION (2014). *Manual diagnóstico y estadístico de los trastornos mentales*. 5ta ed. Madrid: Editorial Médica Panamericana.

BARON-COHEN, S.; MORTIMORE, C.; MORIARTY, J.; IZAGUIRRE, J. & ROBERTSON, M. (1999). "The Prevalence of Gilles de la Tourette's Syndrome in Children and Adolescents with Autism". *The Journal of Child Psychology and Psychiatry and Allied Disciplines*, 40 (2): 213-218.

COHEN, D. J. & VOLKMAR, F. R. (1997). *Handbook of Autism and Pervasive Developmental Disorders*. Hoboken, NJ: John Wiley & Sons Inc.

FELDER, M. A. (2014). *Asperger Syndrome: Assessing and Treating High-Functioning Autism Spectrum Disorders*. NY: Guilford Publications.

GARG, S. et al. (2015). "Autism Disorder Profile in Neurofibromatosis type I". *J Autism Dev Disord*, Jun, 45 (6): 1649-57.

GHAZIUDDIN, M.; WEIDMER-MIKHAIL, E. & GHAZIUDDIN, N. (1998). "Comorbidity of Asperger Syndrome: A Preliminary Report". *Journal of Intellectual Disability Research*, 42 (4): 279-283.

GRAÑANA, N. (2014). *Manual de intervención para trastornos del desarrollo en el espectro autista*. 1ra ed. Buenos Aires: Paidós.

GUTKOVICH, Z.; CARLSON, G. (2007). "Asperger's Disorder and Co-Morbid Bipolar Disorder". *Advanced Pediatric Psychopharmacology*, 17 (2): 247-255.

HOSSAIN, M. M.; KHAN, N.; SULTANA, A.; MA, P.; MCKYER, E. L. J.; AHMED, H. U. & PUROHIT, N. (2020). "Prevalence of Comorbid Psychiatric Disorders Among People with Autism Spectrum Disorder: An Umbrella Review of Systematic Reviews and Meta-Analyses". *Psychiatry Res*, May, 287: 112922.

HUNT, A.; SHEPHERD, C. (1993). "A Prevalence Study of Autism in Tuberous Sclerosis". *J Autism Dev Disord*, Jun, 23 (2): 323-39.

Kirsch, A. C.; Huebner, A. R.; Mehta, S. Q.; Howie, F. R.; Weaver, A. L.; Myers, S. M. & Katusic, S. K. (2020). "Association of Comorbid Mood and Anxiety Disorders with Autism Spectrum Disorder". *JAMA Pediatrics*, 174 (1): 63-70.

Klin, A. & Volkmar, F. R. (1995). "Asperger's Syndrome: Guidelines for Assessment and Diagnosis". *Learning Disabilities Association of America*. Disponible en: http://www.aspenj.org/guide.html.

Gutkovich, Z.; Carlson, G. (2007). "Asperger's Disorder and Co-Morbid Bipolar Disorder". *Advanced Pediatric Psychopharmacology*, 17 (2): 247-255.

Lehnhardt, F.; Gawronski, A.; Pfeiffer, K.; Kockler, H.; Schilbach, L. & Vogeley, K. (2013). "The Investigation and Differential Diagnosis of Asperger Syndrome in Adults". *Deutsches Arzteblatt International*, 110 (45): 755-763.

Lord, C.; Brugha, T. S.; Charman, T.; Cusack, J.; Dumas, G.; Frazier, T.: & Taylor, J. L. (2020). "Autism Spectrum Disorder". *Nature Reviews Disease Primers*, 6 (1): 1-23.

Munro, J. D. (2010). "An integrated Model of Psychotherapy for Teens and Adults with Asperger Syndrome". *Journal of Systemic Therapies*, 29 (3): 82-96.

Oviedo, N.; Manuel-Apolinar, L. (2015). "Aspectos genéticos y neuroendocrinos en el trastorno del espectro autista". *Boletín médico del Hospital Infantil de México*, 72 (1): 5-14.

Oxelgren, U. et al. (2017). Prevalence of Autism and Attention-Deficit- Hyperactivity Disorder in Down Syndrome: a population-based study. *Dev Med Child Neurol*, Mar, 59(3): 276-283.

Ruta, L.; Mugno, D.; D'Arrigo, V. G.; Vitiello, B. & Mazzone, L. (2010). "Obsessive–Compulsive Traits in Children and Adolescents with Asperger Syndrome". *European Child & Adolescent Psychiatry*, 19 (1): 17.

Smalley, S.; Tanguay, P. (1992). "Autism and Tuberous Sclerosis". *J Autism Dev Disord*, Sept, (3): 339-355.

Tarazi, F. I.; Sahli, Z. T.; Pleskow, J. & Mousa, S. A. (2015). "Asperger's Syndrome: Diagnosis, Comorbidity and Therapy". *Expert Review of Neurotherapeutics*, 15 (3): 281-293.

Vanbergeijk, E. O. & Shtayermman, O. (2005). "Asperger's Syndrome: An Enigma for Social Work". *Journal of Human Behavior in the Social Environment*, 12 (1): 23-37.

White, S. W.; Simmons, G. L.; Gotham, K. O.; Conner, C. M.; Smith, I. C.; Beck, K. B. & Mazefsky, C. A. (2018). "Psychosocial Treatments Targeting Anxiety and Depression in Adolescents and Adults on the Autism Spectrum: Review of the Latest Research and Recommended Future Directions". *Current Psychiatry Reports*, 20 (10): 82.

Zablotsky, B.; Bramlett, M. D. & Blumberg, S. J. (2020). "The Co-occurrence of Autism Spectrum Disorder in Children with ADHD". *Journal of attention disorders*, 24 (1): 94-103.

8

DISTINTOS MODELOS TERAPÉUTICOS, FORTALEZAS Y DEBILIDADES

por MARÍA DEL ROSARIO CILURZO
Y MARIANA TREIBEL

Introducción

Durante muchos años el diagnóstico de autismo se consideraba de muy mal pronóstico, gran severidad, con escasas posibilidades de mejoría. Recibir un diagnóstico de autismo resultaba devastador para las familias. Hoy sabemos que el diagnóstico no es un techo, sino un punto de partida. Y que a través de la intervención temprana los niños pueden mejorar enormemente. Si bien no existe al día de hoy un tratamiento curativo, la detección temprana es fundamental, ya que permite una pronta intervención que puede mejorar el pronóstico en una proporción significativa de niños y niñas con autismo, mejorar la certeza diagnóstica, reducir la angustia de la familia y permitir una planificación adecuada de la futura escolarización y apoyo comunitario requerido.

Incluso, aun sin un diagnóstico confirmado, se hace indispensable plantear la necesidad de empezar a intervenir. Hace algún tiempo se privilegiaba esperar a ver la evolución para confirmar un diagnóstico y era común escuchar, por parte de los profesionales, frases como "ya va a hablar". Hoy sabemos que ante la detección a los meses o primeros años de vida de señales de alerta o banderas rojas es necesario comenzar a intervenir de manera rápida e intensiva, ya que esto puede mejorar enormemente la evolución del autismo, y de ninguna manera perjudicar a aquellos niños que no evolucionarán a dicho diagnóstico.

El objetivo de la intervención temprana se centrará en la intervención sobre los procesos precursores del adecuado desarrollo del lenguaje, la cognición y las relaciones socioemocionales. Por ejemplo, existen evidencias claras de que las dificultades en atención conjunta (habilidad de compartir comunicación entre dos personas sobre un objeto o acontecimiento) constituyen un buen predictor de dificultades futuras, y que la intervención sobre la capacidad para mantenerla tiene efectos positivos sobre el desarrollo de niños de alto riesgo.

El abordaje terapéutico de las personas con autismo es complejo. Variables como la edad, el nivel de funcionamiento, trastornos comórbidos (como trastornos del lenguaje, discapacidad intelectual, trastornos del ánimo y de la ansiedad, trastorno por déficit de atención e hiperactividad, entre otros), situación familiar, social y educativa deben ser tenidas en cuenta a la hora de planificar la mejor estrategia de intervención para esa persona y los objetivos a lograr, los cuales serán tan diversos como personas a tratar.

Las intervenciones que mejor se basan en la evidencia y son ejemplos de buena práctica incluyen cuatro principios fundamentales:

1. Individualización: no existe un solo tratamiento que sea igualmente eficaz para todas las personas con autismo. La diversidad de las manifestaciones clínicas, en habilidades, intereses, la visión de la propia vida y circunstancias individuales obligan a la utilización de un enfoque personalizado.

2. Estructura: se requiere adaptar el entorno para maximizar la participación de cada individuo, ofreciendo de esta manera previsibilidad, estabilidad y apoyos para favorecer la comunicación. Se establecerán objetivos claros a corto y largo plazo, definiendo de qué manera serán alcanzados, y se evaluarán los resultados.

3. Intensidad y generalización: las intervenciones deben ser aplicadas de manera sistemática e intensiva, no esporádicas ni a corto plazo, ni tampoco deben basarse en un número predeterminado de horas o sesiones. Asimismo, para que las habilidades adquiridas en entornos más estructurados se puedan generalizar a situaciones de la vida real, las intervenciones deben aplicarse en los diferentes ámbitos y por todos aquellos que viven y trabajan con la persona con autismo.

4. Participación familiar: los padres, abuelos y hermanos deben ser reconocidos y valorados como integrantes clave de cualquier intervención. La información, la formación y el apoyo, siempre dentro del contexto de los valores familiares y culturales, deben ser el denominador común de cualquier intervención profesional, sin perder de vista la calidad de vida de todos los integrantes.

¿Cuáles son los objetivos a lograr?

Se requiere implementar estrategias de intervención de manera temprana y, como ya mencionamos, estas deben ser individualizadas. Deben estar centradas en minimizar los déficits centrales (comunicación e interacción social y conductas e intereses restringidos y repetitivos) y en mejorar o maximizar la independencia funcional para facilitar el aprendizaje y la adquisición de habilidades adaptativas. Se busca mejorar sus dificultades y potenciar sus capacidades.

Las estrategias de tratamiento pueden variar según la edad y las fortalezas y debilidades del niño. Por ejemplo, la intervención para un niño pequeño con un diagnóstico reciente de autismo puede incluir enfoques conductuales y de desarrollo y, a medida que avanza, la participación en un programa preescolar especializado o típico. Para los niños mayores, es más probable que la intervención ocurra en entornos educativos, con la integración de terapias conductuales y de desarrollo para promover el desarrollo de habilidades.

Debe hacerse hincapié, a lo largo de todo el ciclo, en la calidad de vida. Esto abarca numerosas dimensiones, incluyendo el bienestar emocional, físico y material, el desarrollo personal, las relaciones interpersonales, la autodeterminación, la inclusión y los derechos humanos. La necesidad esencial es garantizar que se ayude a cada persona, en todas las etapas de la vida, a elegir objetivos que sean adecuados para su bienestar y que se le apoye con medios que hagan factible su logro.

¿Es importante la evidencia de los modelos de intervención existentes?

Existe una enorme variedad de modelos de intervención para autismo. La evidencia científica es uno de los criterios que cualquier profesional debería tener en cuenta a la hora de diseñar un plan de tratamiento. Desafortunadamente, una gran parte de la oferta que se puede encontrar es el resultado de trabajos poco elaborados, desenfocados o con poca relación con lo que sabemos realmente importa en el desarrollo de los niños y niñas con autismo. Gran parte de la oferta cuenta con insuficientes evidencias.

La práctica de medicina basada en la evidencia incluye la consideración de la mejor evidencia científica disponible en el contexto de las características individuales y la experiencia profesional. La mejor evidencia científica disponible provee un punto de partida para, desde la experiencia profesional, poder determinar qué intervenciones tienen mayores probabilidades de ser efectivas para alcanzar los resultados deseados para cada individuo. Esto previene las consecuencias negativas de realizar intervenciones inefectivas o dañinas.

El contar o no con evidencia científica no es una cuestión de todo o nada: hay grados en el alcance de este objetivo. Así, una intervención que ha sido estudiada en numerosas ocasiones, en diferentes centros, con resultados convergentes y recopilados de forma sistemática, y de acuerdo con una metodología rigurosa, contará con el mayor grado de evidencia. Es importante estar atentos a las señales de alarma que nos permitan detectar qué intervención es una práctica sin evidencia, la cual debemos rechazar:

◈ Promete éxito a corto plazo.

◈ Contradice el conocimiento objetivo y, a veces, el sentido común.

◈ Se basa en anécdotas o casos individuales.

◈ Dice ser fácil de administrar y no necesita especialización en el tema.

◈ Ignora o minimiza hallazgos científicos que la contradicen.

◈ Existen beneficios económicos o de otro tipo.

Modelos terapéuticos no biológicos para personas con autismo

Modelos con beneficios probados:

a. ABA (Applied Behavior Analysis) - Análisis conductual aplicado.

   1. DTT (Discrete Trial Training) - Entrenamiento en ensayos discretos.

   2. EIBI (Early Intensive Behavioral Intervention) - Intervención conductual intensiva temprana.

   3. VBI (Verbal Behavior Intervention) - Terapia de conducta verbal.

   4. PRT (Pivotal Response Training) - Entrenamiento en respuestas pivotales.

Modelos con posibles beneficios, pero se requiere mayor investigación:

a. TEACCH (Treatment and Education of Autistic and Related Communication Handicapped Children) - Tratamiento y educación de niños con autismo y problemas de comunicación relacionado.

b. Modelos evolutivos o enfoques del desarrollo.

1. Denver Model - Modelo Denver.

2. Early Start Denver Model (ESDM) - Modelo de inicio temprano de Denver.

3. Developmental Individual Difference (DIR) - Modelo basado en el desarrollo, las diferencias individuales y las relaciones.

4. Relationship Developmental Intervention (RDI) - Intervención para el desarrollo de las relaciones.

5. Responsive Teaching (RT) - Educación en la responsabilidad.

c. PECS (Picture Exchange Communication System) - Sistema de comunicación por intercambio de imágenes.

d. Social ABCs by parents or caregivers - Intervenciones mediadas por padres o cuidadores.

e. Parent - Mediated Communication - Comunicación mediada por los padres.

f. Caregiver – Mediated Intervention - Intervenciones mediadas por cuidadores.

a. Equinoterapia.

b. Musicoterapia.

c. Estimulación magnética transcraneal.

d. Terapia de integración sensorial.

e. Entrenamiento de integración auditiva.

Clasificación de los programas de intervención en pacientes con autismo

Existen múltiples de programas de intervención, pero con diversos grados de evidencias que los sustentan.

Se han propuesto varias dimensiones para distinguir los modelos de intervención. Las de carácter farmacológico o biomédico no serán revisadas en este capítulo, ya que serán expuestas más adelante.

Existen dos categorías de intervenciones basadas en evidencia: los modelos de tratamiento comprehensivos y las intervenciones focalizadas. Estas intervenciones pueden ser provistas en diferentes ámbitos (el hogar, el aula, entornos naturales o la comunidad), por diferentes efectores (especialistas en desarrollo, terapeutas conductuales, educadores o padres entrenados), individualmente o en formato grupal y usando un protocolo o guía.

Intervenciones focalizadas

Por un lado, podemos mencionar las terapias o intervenciones "focalizadas", que abordan uno o dos síntomas o problemas específicos. Suelen utilizar un único método de intervención. Pueden clasificarse según el área funcional que abordan: social, comunicativa o conductual. Dentro de este grupo podemos mencionar el PECS (que tiene como objetivo mejorar la comunicación) y las *historias sociales*.

PECS - Picture Exchange Communication System (sistema de comunicación por intercambio de imágenes): el PECS es un programa conductual para enseñar comunicación funcional mediante una modalidad visual. Es un sistema de comunicación expresiva, que utiliza los elementos de la comunicación comprensiva (elementos visuales: fotos, símbolos, tarjetas, etc.). No se utilizan ayudas verbales para facilitar la iniciativa y evitar la dependencia de ayudas. Aprovechando el procesamiento predominantemente visual de los pacientes con autismo, la metodología combina la palabra con apoyos visuales, enseñando a interactuar con los otros mediante el intercambio de dibujos, símbolos, fotografías u objetos reales de los ítems deseados. Consta de siete fases, partiendo por entregar una imagen de un objeto para pedírselo a un "receptor". El sistema prosigue con la utilización de imágenes para ponerlas ordenadamente en una frase. En las fases más avanzadas se enseña a los niños a utilizar modificadores, a responder preguntas y a comentar. Su aplicación se sucede de forma paralela al desarrollo típico del lenguaje. Tan rápidamente como sea posible, los apoyos físicos (tarjetas con imágenes) se eliminan.

Entrenamiento en habilidades sociales: los programas de habilidades sociales se encuentran débilmente apoyados por la evidencia científica, pero **son recomendados, especialmente en pacientes con autismo de alto rendimiento**.

Las personas con autismo presentan dificultades para comprender reglas no escritas de la interacción social, lo cual podría manifestarse como comportamiento social y emocionalmente inapropiado. Esto es el resultado de las alteraciones en la teoría de la mente, que es la capacidad de inferir estados mentales en los otros. En general, se observa un uso limitado de gestos, lenguaje corporal torpe y expresión inapropiada. Tienen dificultades para percibir los sentimientos de los demás.

Las intervenciones que abordan las habilidades sociales utilizan técnicas provenientes de diferentes enfoques: técnicas cognitivo-conductuales de control de impulsos y manejo conductual, modelo DIR, terapia Floortime, o de la escuela TEACCH, entre otros. Su objetivo es facilitar la participación en la vida social, en la toma de decisiones, adquirir estrategias de resolución de conflictos e incrementar la conciencia social.

Algunas estrategias para trabajar la conducta social incluyen:

◈ **El juego con los demás niños**: debido a que presentan dificultades en el juego y actividades sociales (son más bien observadores o, en caso de juego compartido, tienden a imponer sus reglas), es importante enseñarles a empezar, mantener y terminar un juego social, así como a ser flexibles y compartir. Por ejemplo, observar los juegos y actividades que realizan los niños en edades similares y jugar con el niño estos juegos. La idea no es mejorar su competencia en esta actividad (por ejemplo, fútbol), sino modelar lo que se espera que diga y haga y el modo de incluir a la otra persona. En el colegio, se busca que los docentes puedan estimular juegos de cooperación.

◈ **Utilizar historias sociales**: se trata de una técnica desarrollada por Carol Grey, que permite al niño entender las señales y acciones para determinadas situaciones sociales. También permite que los demás entiendan la perspectiva del niño. Se trata de narraciones cortas e individualizadas, en formato de texto y acompañadas de apoyo visual, adaptadas a cada individuo, que describen una situación social. Al armar la historia se busca incluir frases de carácter descriptivo (dónde ocurre la acción, quién está involucrado, qué está haciendo), con perspectiva (describiendo reacciones y sentimientos de los demás en una situación dada), en donde se enuncia lo que se espera que el niño haga o diga, buscando que recuerde lo que debe hacer o cómo debe entender la situación planteada. Es una técnica ingeniosa para asegurar que el niño entienda las razones y señales de los códigos de conducta.

◈ **Grupo de habilidades sociales**: el grupo debe ser pequeño para permitir un abordaje individualizado. Se parte de la realización de un perfil de cada integrante, sus puntos fuertes y débiles.

Algunas actividades que se pueden plantear: a) situaciones de juegos de rol en las que la persona tiene que aprender cuándo no debe decir lo obvio o pronunciar sus pensamientos; b) actividades en las que los participantes tienen que describir a los familiares más cercanos utilizando términos que no solo describan las características físicas, sino también su personalidad; c) estrategias para entender y expresar emociones: los niños no solo tienen dificultades para entender emociones del otro, sino que además sus propias expresiones emocionales son pobres y poco frecuentes. Una de las estrategias para entender emociones consiste en tomar fotos o imágenes donde se refleje un estado de ánimo, por ejemplo, alegría. Una vez descritas estas, se coloca al lado de la página una foto de tamaño real de alguien que muestra sentirse feliz. El siguiente paso es colocar el espejo al lado de la foto y se le pide al niño que copie y haga aparecer su cara feliz. Esta estrategia de cuaderno-foto-espejo puede aplicarse a los diferentes sentimientos; d) uso de poesía o biografías para fomentar la exteriorización y empatía.

Modelos comprehensivos

Por otro lado, encontramos los modelos "comprehensivos". Se trata de modelos globales de tratamiento, los cuales emplean una combinación de estrategias que pretenden tener impacto sobre casi todas o todas las áreas del desarrollo y/o los síntomas del autismo, para promover el desarrollo y reducir problemas de conducta. Típicamente, intentan cubrir tanto el despliegue de las competencias básicas del desarrollo, según la edad, como reducir las conductas problemáticas o limitaciones de los niños. Incluyen relaciones concretas de objetivos y actividades, y suelen proponer cursos y estrategias formativas para los que deseen utilizarlos. Están diseñadas para ser llevadas a cabo en períodos largos de tiempo, como uno o dos años. Se utilizan modelos comprehensivos en muchas de las propuestas para atención temprana, como el Early Start Denver Model, el TEACCH, el SCERTS y el ABA.

Desde otra perspectiva, se puede analizar el marco teórico que sustenta a una intervención. Hay intervenciones que incluyen propuestas más o menos vinculadas a un modelo específico, tanto en cómo se entienden las causas y el desarrollo del autismo como en cuanto a los mecanismos por los cuales una intervención puede lograr mejorías. Así, por ejemplo, hay programas basados en la idea de que cualquier tratamiento exitoso ha de partir de los principios de la modificación de conducta o del principio de que la intervención en el desarrollo psicomotor impactará en el resto del desarrollo.

ABA - Applied Behavior Analysis (análisis conductual aplicado): los programas basados en ABA (una intervención conductual intensiva) fueron desarrollados por el Instituto Loovas hace más de 40 años. Se basan en la idea de que los comportamientos son aprendidos y pueden ser manipulados a través de los estímulos ambientales que los anteceden o siguen. Utilizan procedimientos típicos de la modificación de conducta o el análisis conductual aplicado, como son el encadenamiento, la incitación verbal o física, el desvanecimiento, el moldeamiento, o el reforzamiento positivo o negativo, junto con el modelado conductual. ABA es un método de enseñanza de conductas apropiadas que implica separar las tareas en pequeños pasos y enseñar/entrenar de una manera sistemática y precisa; está caracterizado por una presentación de estímulos distintivos con respuestas seguidas de *feedback* inmediato, reforzamiento intenso, recolección de información y ensayos sistemáticos de instrucción. ABA es utilizado para reducir cualquier conducta desadaptativa problemática, aumentar y reforzar conductas adaptativas deseadas, enseñar nuevas habilidades y generalizar conductas a nuevas situaciones y ambientes.

La teoría detrás de ABA es que los niños con autismo presentan dificultades en aprender a través de la imitación y la comprensión verbal como hacen sus pares neurotípicos. El formato altamente estructurado parece cumplir con las necesidades de los niños con autismo y quienes típicamente responden a las directivas y la rutina.

Las técnicas pueden ser utilizadas en diferentes situaciones como las situaciones naturales de la vida cotidiana (por ejemplo: durante las comidas en el hogar), en situaciones estructuradas (instrucción formal en ambientes educativos) y en el uno a uno, así como también en dispositivos grupales de instrucción. De forma genérica, son conocidos como programas ABA, por sus siglas en inglés (Applied Behavior Analysis). Entre estos programas se incluyen el programa Lovaas (Lovaas, 1993), agrupado junto con otros similares bajo el término de intervención conductual intensiva emprana (Early Intensive Behavioral Intervention – EIBI). También se incluyen aquí el entrenamiento en ensayos discretos (Discrete Trial Training), el entrenamiento en respuestas pivotales (Pivotal Response Treatment) o la enseñanza incidental (Incidental Teaching).

Modelos de enseñanza naturalista

Las técnicas tradicionales del ABA se han reconvertido en intervenciones conductuales más naturales, con técnicas como el Incidental Teaching o el PRT, que mejoran la generalización de las habilidades a entornos naturales y la duración del aprendizaje en el tiempo. A diferencia del ABA tradicional, en los modelos naturalistas el control de las interacciones es compartido entre el terapeuta y el niño, y los contextos primarios y los temas para el intercambio comunicativo parten de las preferencias e intereses del niño.

DTT - Discrete Trial Training (entrenamiento en ensayos discretos): es uno de los métodos de instrucción (intervención focalizada) que utiliza el ABA. Las habilidades a aprender son separadas en partes más simples utilizando el reforzamiento positivo para recompensar una respuesta o conducta adecuada. Las respuestas incorrectas son ignoradas. Se enseñan desde habilidades de atención hasta otras más complejas como conductas verbales o sociales. Se empieza con habilidades sencillas, aumentando la complejidad a medida que el niño avanza. La manera de trabajar es en forma de ensayo discreto, con cuatro elementos: 1) Estímulo: el terapeuta presenta una orden o pregunta clara, por ejemplo, señala a un perro. 2) En caso necesario, la orden va seguida de un refuerzo. 3) Respuesta: correcta o incorrecta por parte del niño. 4) Consecuencia: el terapeuta refuerza positivamente respuestas correctas, mientras que las incorrectas se ignoran o se corrigen. Luego el aprendizaje se generaliza a otras situaciones.

EIBI - Early Intensive Behavioral Intervention (intervención conductual intensiva temprana): este tipo de intervención es usualmente utilizada para niños con autismo menores de 3 o 5 años de edad. Se utilizan métodos de aprendizaje conductual sistemático (entrenamiento por ensayo discreto, aprendizaje incidental) e intensivo (intervención directa de 20 a 40 horas por semana) para potenciar habilidades que se engloban en un programa estructurado que incluye objetivos específicos de áreas como las sociales, de juego, cognitivas, de lenguaje y de autonomía. La duración del programa es de 2 a 3 años y se desarrolla tanto en la escuela como en casa. Lo lleva a cabo un entrenador, y los padres se hacen cargo de la generalización de las habilidades aprendidas. Entre los aspectos que se cuantifican para valorar la eficacia de la intervención están los cambios en el coeficiente intelectual, la integración en contextos escolares normalizados, la reducción de conductas problemáticas, la mejora de la socialización y las habilidades de la vida diaria, etc.

VBI - Verbal Behavior Intervention (terapia de conducta verbal): consiste en un método de terapia conductual con un enfoque diferente a la adquisición y función del lenguaje. Se centra en la enseñanza y el fortalecimiento de la conducta verbal y las habilidades funcionales de comunicación. En lugar de poner énfasis en los aspectos expresivos y comprensivos del lenguaje, se centra en las variables ambientales responsables.

PRT - Pivotal Response Treatment (entrenamiento en respuestas centrales/pivotales): tiene como objetivo desarrollar la tecla "fundamental" de las habilidades que son necesarias para muchas otras habilidades mediante el aumento de la motivación del niño y la capacidad de respuesta. Aborda áreas críticas (como la respuesta a claves ambientales múltiples, la motivación, la autorregulación y las iniciaciones sociales) para generar mejoras colaterales más amplias en las áreas social, comunicativa y conductual, que no se persiguen de manera específica. Los propósitos prioritarios de esta técnica son: enseñar al niño a responder a las oportunidades de aprendizaje que ocurren de forma natural y compartirlas, reducir la necesidad de instrucción continua y la intervención de padres y profesionales, y ofrecer educación y servicios relacionados de forma más habitual en ambientes naturales. El PRT se ha utilizado para desarrollar las habilidades lingüísticas, habilidades de juego y el comportamiento social. Cada programa se diseña según las necesidades del niño y las rutinas de la familia, y es propuesto como un estilo de vida a adoptar por la familia.

Intervenciones evolutivas o enfoques del desarrollo

Existen, por otro lado, intervenciones evolutivas o sociopragmáticas, las cuales siguen un enfoque diferente a las intervenciones conductuales. Estos modelos de intervención pretenden ayudar al niño a desarrollar relaciones positivas y significativas con otras personas. Se centran en enseñar técnicas sociales y de comunicación, en ambientes estructurados, así como desarrollar habilidades para la vida diaria (habilidades "funcionales" y "motoras"). Tratan de aprovechar entornos lo más naturales posible, en los que los niños y niñas toman la iniciativa en la interacción y la selección de actividades. Se intenta evitar la estructura rígida o preorganizada, siguiendo un formato abierto y parecido al contexto de interacción natural. Se desarrollan habitualmente en contextos de juego, en los que el adulto favorece el desarrollo social y comunicativo al responder de forma concreta a las conductas del niño. Aquí se incluyen programas como el modelo DIR/Floortime (Developmental, Individual Difference, Relationship-Based Model), el modelo sociopragmático de desarrollo (Developmental Social-Pragmatic Model), o el modelo de Greenspan o la terapia de juego en suelo (Floor Time), el programa de enseñanza del entorno (Enhanced-Milieu Teaching) o el modelo de intervención de desarrollo de relaciones (Relationship Development Intervention - RDI).

DIR/Floortime (Developmental, Individual Difference, Relationship-Based Model): fue desarrollado en 1980 por el Dr. Stanley Greenspan. Se focaliza en sesiones de juego de "floor time" (tiempo en el suelo) y otras estrategias que mejoran el vínculo y las interacciones socioemocionales para favorecer el desarrollo cognitivo y emocional. Los objetivos son lograr atención compartida y autorregulación, relación y enganche, comunicación bidireccional con gestos y claves emocionales, resolución de problemas sociales, uso creativo de ideas. También aborda déficits motores en el planeamiento y la secuenciación, el procesamiento auditivo y del lenguaje, el procesamiento visuoespacial y la modulación sensorial. El padre o terapeuta se sienta en el suelo para interactuar al nivel del niño, se sumerge en sus actividades y sigue el control propuesto por el niño. A partir de esta interacción inicial, se instruye al padre para llevar al niño a interacciones progresivamente más complejas, un proceso conocido como "abrir y cerrar círculos de comunicación".

D (desarrollo): describe cada paso en la construcción de las capacidades.

I (diferencias individuales): describe las maneras únicas y biológicas con las cuales cada niño recibe, responde y comprende las sensaciones tales como el sonido, el tacto, planifica y secuencia ideas y acciones.

R (basado en las relaciones): describe las relaciones de aprendizaje (con cuidadores, educadores, pares, etc.), que son ajustadas a las diferencias individuales del niño para permitirle progresar en el logro de estas capacidades básicas.

RDI - Relationship Development Intervention (intervención de desarrollo de relaciones): está basado en modelos cognitivos y de desarrollo que ponen énfasis en enseñar al niño a valorar y adaptar sus acciones a los otros, ya que participan en procesos interactivos, en lugar de instruir en habilidades específicas. El programa tiene un enfoque sistemático dedicado a aumentar la motivación y enseñar habilidades nuevas, concentrándose en el nivel actual de desarrollo y funcionamiento del niño. Los padres son entrenados para trabajar uno a uno con el niño.

RT - Responsive Teaching (educación en responsabilidad): es una intervención temprana implementada por padres para abordar el lenguaje y las necesidades socioemocionales y cognitivas de niños pequeños con desafíos en el neurodesarrollo. Se enseña a los padres a utilizar estrategias RT para estimular a los niños a adquirir y usar conductas pivotales.

Actualmente se habla de un continuo en la dimensión de grado de control del contexto y de la interacción, que tendría a las intervenciones clásicas conductuales en un extremo y a las evolutivas en el otro. Se han desarrollado modelos que aprovechan el juego y la iniciativa del niño, incluyendo el uso de procedimientos de modificación de conducta como, por ejemplo, el modelo Denver, el programa TEACCH o el LEAP. Así mismo, programas principalmente conductuales han flexibilizado su aproximación para hacer que las situaciones de intervención sean más naturales y parecidas a los contextos de vida diaria, a veces utilizando directamente estos.

ESDM - Early Start Denver Model (modelo Denver): es un modelo de intervención conductual dirigida a niños de entre 1 y 5 años de edad, creado por Sally Roger y Geraldine Dawson. Los principales objetivos del programa son mantener a los niños durante el mayor tiempo posible involucrados en relaciones sociales, de modo de ofrecer la posibilidad de la imitación y la comunicación simbólica y funcional, y una enseñanza intensiva para completar las carencias de aprendizaje. El modelo Denver sistematiza los modelos de intervención evolutivos y neuropsicológicos, introduce elementos positivos de las intervenciones conductuales, centra la intervención en áreas sociocomunicativas y habilidades pivotales, establece un modelo comprensivo para la intervención temprana que implica a la familia, establece una medición sistemática de objetivos en función de indicadores, plantea árboles para la toma de decisiones en aspectos claves de la intervención.

Modelo SCERTS: el acrónimo SCERT se refiere a las dimensiones en las que hace hincapié dicho modelo: SC: comunicación social (atención conjunta y uso de símbolos), ER: regulación emocional (autorregulación y regulación mutua) y TS: apoyo transaccional (apoyos interpersonales y de aprendizaje). Defiende la idea de que el aprendizaje más significativo durante la infancia ocurre en el contexto social de las actividades diarias y de las experiencias. Una de las cualidades de SCERTS es que puede incorporar prácticas de otros modelos como ABA, TEACCH, Floortime, RDI, Hanen y Social Stories. Promueve la comunicación iniciada por el niño o niña en las habilidades de la vida diaria y, en general, busca enseñar y aplicar de manera funcional habilidades relevantes en una variedad de contextos.

TEACCH - Treatment an Education of Autistic and Communication Handicapped Children (tratamiento y educación de niños autistas y con problemas de comunicación): es un método de enseñanza estructurado que logra el mayor grado de autonomía en todos los individuos. Su característica distintiva es el énfasis en la enseñanza estructurada, que consiste en: 1) estructurar el entorno y las actividades de manera que sean comprensibles (organización del espacio, de la secuencia de los eventos del día, organización individual de las tareas, sistemas de trabajo); 2) aprovechar las fortalezas de cada uno (por ejemplo: habilidades visuales e intereses en detalles visuales para compensar las dificultades importantes en otras habilidades); 3) motivarlos y mantenerlos en el aprendizaje usando sus propios intereses especiales individuales; 4) apoyar el uso de la comunicación espontánea y funcional. El programa TEACCH promueve, además, el juego social y los grupos recreativos, incluye grupos de apoyo y entrenamiento para padres, evaluaciones diagnósticas, entrenamiento individual para niños con autismo de alto funcionamiento y programas de empleo. Este programa se lleva a cabo en el aula o también en el hogar.

EAP - Learning Experiences: an Alternative Program for Preschoolers and Parents (programa LEAP): es un programa educativo-inclusivo para niños con un desarrollo típico junto con compañeros con autismo. Además, cuenta con un programa educativo para los padres y madres para ayudarlos en el hogar y en otros contextos de la comunidad, supervisados por profesionales especializados. Está orientado en potenciar las áreas cognitivo-académicas, adaptativas y de autonomía, comunicativas, socioemocionales y de conducta. Pretende ayudar a los niños autismo a desarrollar habilidades de lenguaje y funcionales, juego independiente y habilidades de trabajo, habilidades de interacción social y conducta adaptativa. Se emplea la intervención conductual positiva en aquellos menores que muestran conductas disruptivas. Utiliza prácticas como el método de análisis conductual, aprendizaje incidental, PECS, instrucciones mediadas por sus pares, intervenciones implementadas por los padres en el contexto natural y estrategias para la autonomía.

Marco legal

Teniendo presente la Convención Internacional sobre los Derechos de las Personas con Discapacidad de las Naciones Unidas, que plantea desde una mirada social (centrada en la persona y no en su deficiencia) que las personas con discapacidad son sujetos de derechos, y contemplando que las limitaciones individuales no son las raíces del problema, sino las limitaciones de la propia sociedad, es que resulta imperioso la participación del Estado, el sistema educativo, de salud y de toda la comunidad en general en relación con la atención de personas con autismo.

Es en esa misma línea que, en Argentina, en el año 2019, se reglamentó la Ley 27.043. Dicha ley declara de interés nacional el abordaje integral e interdisciplinario de las personas que presentan el trastorno del espectro autista. En ella se plasma la obligatoriedad de inclusión de las personas con autismo, tanto a nivel laboral, educativo como social, así como también torna de carácter obligatorio, tanto por parte del Estado como del sistema de salud privado, la asistencia necesaria para la pesquisa, la detección temprana, el diagnóstico y el tratamiento del autismo.

Lamentablemente, en nuestro país el acceso a estos tratamientos sigue siendo una cuenta pendiente. Muchas obras sociales demoran en aprobar los tratamientos o exigen un diagnóstico confirmado y la tramitación del certificado único de discapacidad. Por otro lado, no existe amplia accesibilidad a tratamientos basados en evidencia, la cual es aún menor en el interior del país.

Conclusiones

No existe un único modelo de intervención ideal ni que funcione para todas las personas con autismo. La intervención debe ser interdisciplinaria, incluyendo no solo a distintos profesionales, sino también a la familia, la escuela y la comunidad.

La detección precoz es fundamental para poder intervenir de manera intensiva y satisfactoria e intentar modificar el pronóstico funcional a largo plazo, potenciando al máximo el desarrollo de niños con diagnóstico de autismo.

Los estudios que vienen realizándose en los últimos años permiten que en la actualidad contemos con directrices sólidas que orientan la labor clínica y educativa en el marco de las prácticas basadas en la evidencia. En nuestro país es necesario continuar trabajando para lograr la mayor accesibilidad posible a estos abordajes.

Bibliografía

Ameis, S. H.; Kassee, C.; Cole, L.; Dadhwal, S. & M-c, L. (2018). "Systematic Review and Guide to Management of Core and Psychiatric Symptoms in Youth with Autism". *Acta Psychiatr Scand*, 138 (5): 379-400. DOI: https://doi.org/10.1111/acps.12918.

Attwood, T. (2007). *The Complete Guide to Asperger's Syndrome*. Philadelphia: Jessica Kingsley Publishers.

Barthélémy, C.; Fuentes, J.; Howlin, P.; Van der Gaag, R. (2019). *People with Autism Spectrum Disorder. Identification, Understanding, Intervention*. 3rd ed. Bruselas: Autism-Europe.

Brignell, A.; Chenausky, K. V. et al. (2018). "Communication Interventions for Autism Spectrum Disorder in Minimally Verbal Children" (review). *Cochrane Database of Systematic Reviews*. DOI: https://doi.org/10.1002/14651858.CD012324. https://www.cochranelibrary.com.

Consenso sobre diagnóstico y tratamiento de personas con trastorno del espectro autista (2019). Ministerio de Salud y Desarrollo Social. Presidencia de la Nación. Argentina.

Convención Internacional sobre los Derechos de las Personas con Discapacidad de las Naciones Unidas.

Fletcher-Watson, S.; McConnell, F.; Manola, E. & McConachie, H. (2014). "Interventions Based on the Theory of Mind Cognitive Model for Autism Spectrum Disorder (ASD)". *Cochrane Database of Systematic Reviews*. DOI: https://doi.org/10.1002/14651858. CD008785. https://www.cochranelibrary.com.

Fuentes, J.; Bakare, M.; Munir, K.; Aguayo, P.; Gaddour, N.; Öner, Ö. (2017). *Trastornos del espectro del autista. Manual de salud mental infantil y adolescente de la IACAPAP*. Ginebra: Asociación Internacional de Psiquiatría del Niño y el Adolescente y Profesiones Afines.

Hyman, S. L.; Levy, S. E.; Myers, S. M.; Children, O. N. & Council on Children with Disabilities. (2020). "Identification, Evaluation, and Management of Children with Autism Spectrum Disorder". *Pediatrics*, 145 (1). DOI: https://doi.org/10.1542/peds.2019-3447.

Ley 27.043. Declárese de interés nacional el abordaje integral e interdisciplinario de las personas que presentan trastornos del espectro autista (TEA).

Lyra, L.; Rizzo, L. E.; Sunahara, C. S. et al. (2017). "What do Cochrane Systematic Reviews Say about Interventions for Autism Spectrum Disorders?". *Sao Paulo Med J*, 135 (2): 192-20.

Medavarapu, S.; Marella, L. L.; Sangem, A. & Kairam, R. (2019). "Where is the Evidence? A Narrative Literature Review of the

Treatment Modalities for Autism Spectrum Disorders". *Cureus*, 11 (1): e3901. DOI: https://www.doi.org/10.7759/cureus.3901.

MISSOURI AUTISM GUIDELINES INITIATIVE (2012). *Autism Spectrum Disorders: Guide to Evidence-Based Interventions.*

MULAS, F.; ROS-CERVERA, G.; MILLÁ, M. G.; ETCHEPAREBORDA, M. C.; ABAD, L.; TÉLLEZ DE MENESES, M. (2010). "Modelos de intervención en niños con autismo". *Rev Neurol*, 50 (Supl 3): S77-84.

MYERS, S. M.; JOHNSON, C. P. (2007). "Consejo de la Academia Americana de Pediatría para Niños con Discapacidades. Manejo de niños con trastornos del espectro autista". *Pediatría*, 120 (5): 1162-1182.

MURZA, K. A.; SCHWARTZ, J. B.; HAHS-VAUGHN, D. L. & NYE, C. (2016). "Joint Attention Interventions for Children with Autism Spectrum Disorder: A Systematic Review and Meta-Analysis". *International Journal of Language & Communication Disorders*, 51 (3): 236–251. DOI: https://doi.org/10.1111/1460-6984.12212.

NGUYEN, T.; SEILER, N.; BROWN, E. & DONOGHUE, B. O. (2020). "The Effect of Clinical Practice Guidelines on Prescribing Practice in Mental Health: A Systematic Review". *Psychiatry Research*, 284: 112671. DOI: https://doi.org/10.1016/j.psychres.2019.112671.

NICE (2013). *Autism Spectrum Disorder in Under 19s: Support and Management.* NICE Clinical Guideline. Disponible en: https://www.nice.org.uk/guidance/cg170.

OONO, I. P; HONEY, E. J.; McCONACHIE, H. (2013). "Parent-mediated Early Intervention for Young Children with Autism Spectrum Disorders (ASD)" (review). *Cochrane Database of Systematic Reviews.* DOI: https://doi.org/10.1002/14651858.CD009774. https://www.cochranelibrary.com.

QUALITY STANDARD. Published: 21 January 2014. Disponible en: www.nice.org.uk/guidance/qs51.

REICHOW, B.; HUME, K.; BARTON, E. E. & BOYD, B. A. (2018). "Early Intensive Behavioral Intervention (EIBI) for Young Children with Autism Spectrum Disorders (ASD)". *Cochrane Database of Systematic Reviews.* DOI: https://doi.org/10.1002/14651858.CD009260. https://www.cochranelibrary.com/.

Rogers, S. J. y Dawson, G. (2015). *Modelo Denver de atención temprana para niños pequeños con autismo. Estimulación del lenguaje, el aprendizaje y la motivación social.* Ávila, España: Autismo Ávila.

Sandback, M. et al. (2020). "Project AIM: Autism Intervention Meta-Analysis for Studies of Young Children". *Psychological Bulletin,* 146 (1): 1-29. DOI: https://doi.org/10.1037/bul0000215.

Smith, T.; Iadarola, S. (2015). "Evidence Base Update for Autism Spectrum Disorder". *J Clin Child Adolesc Psychol,* 44 (6): 897-922.

Spain, D. et al. (2017). "Family Therapy for Autism Spectrum Disorders" (review). *Cochrane Database of Systematic Reviews.* DOI: https://doi.org/10.1002/14651858.CD011894. https://www.cochranelibrary.com.

Volkmar, F. et al. (2014). "Practice Parameter for the Assessment and Treatment of Children and Adolescents with Autism Spectrum Disorders". *Journal of the American Academy of Child and Adolescent Psychiatry,* 53 (2): 237-57.

Warren, Z.; McPheeters, M. L.; Sathe, N.; Foss-Feig, J. H.; Veenstra-Vanderweele, J.: Warren, A. Z. & Melissa, L. (2011). "A Systematic Review of Early Intensive Intervention for Autism Spectrum Disorders". *Pediatrics,* May, 127 (5): e1303-11. DOI: https://doi.org/10.1542/peds.2011-0426.

Wong, C.; Odom, S. L.; Hume, K. A.; Cox, A. W.; Fettig, A.; Kucharczyk, S.: Schultz, T. R. (2015). "Evidence-Based Practices for Children, Youth, and Young Adults with Autism Spectrum Disorder: A Comprehensive Review". *Journal of Autism and Developmental Disorders,* 1951-1966. DOI: https://doi.org/10.1007/s10803-014-2351-z.

9

TRABAJO CON LA FAMILIA: LOS PADRES COMO COTERAPEUTAS

por VANESA AIELLO ROCHA

A mamá, Kari, John, Lucas y Any
por su afecto incondicional.
A Tania Borda, por su contagioso entusiasmo
profesional, su generosidad para compartir su experiencia;
enseñar y su insistencia para que me iniciara en la escritura
académica. Además, mi agradecimiento personal por
su paciencia y perseverancia al tirarme una mano para
levantarme una y otra vez.
A todos mis colegas, pacientes y alumnos,
especialmente aquellos de la cátedra de terapia sistémica

*de la UMSA, con quienes hemos intercambiado
ideas y experiencias sobre el rol de la familia con un hijo
"desvalido", "sintomático", "con un trastorno", "atípico",
y así transitamos el camino creativo de la psicoterapia
familiar sistémica.*

El trabajo con la familia no es una tarea fácil. Por empezar, es más difícil escuchar al menos tres voces, casi en simultáneo, que una. Esto es así en el caso de que concurran a terapia madre, padre e hijo/a. Pero cuando se llama a un terapeuta de familia sistémico estructural[1], para realizar una consulta por algún miembro de la familia, lo primero que hará el profesional es preguntar por quiénes está compuesta la familia y citar a todos a una sesión, sin olvidar de incluir a una persona significativa, si la hay (puede ser el caso de la abuela que vive con la familia, por ejemplo). Entonces, en el primer llamado el terapeuta empieza a recolectar datos sobre la familia, convoca a todos y trata de resolver los inconvenientes que esta puede presen-

---

1   Aclaración: existen diversos modelos de terapia sistémica y solo se desarrollará aquí el de terapia sistémica estructural, creado por Minuchin en 1974. Se pueden encontrar interesantes aportes desde la terapia sistémica estratégica, desarrollada en la costa oeste de Estados Unidos por clínicos como Jay Haley (cf. bibliografía: 1999, 1989).

tar para lograr la asistencia de todos los invitados. Es tarea de un buen terapeuta de familia hacer que todos los miembros de esta concurran a la sesión, de dos horas de duración, en un determinado día y horario acordado. El resto de la tarea queda en manos de la familia porque los problemas que no pudieron ser resueltos por cuestiones fácticas, por excusas o por negativa de alguno de sus miembros, dicen mucho de su modo de organizarse y de su idiosincrasia. Es una fuente de información en la primera sesión (y subsiguientes). Desde este modelo (sistémico estructural), el terapeuta es un "observador experto". Su interés está focalizado en el lenguaje paraverbal (las miradas, los gestos, cómo se sientan, quién se sienta más próximo a quién y distante de quién, quién tiene cara de enojo, quién se rehúsa a hablar, etc.), más que en lo que se dice en sí. Le interesa el *cómo* del mensaje por sobre el *qué*. Y también *quién* le dice *qué* a *quién*, lo que llamamos: la circularidad del mensaje. Quién comienza a hablar, quién interrumpe, y así va siguiendo una red de cómo se están relacionando en esta familia, una configuración. La técnica tal como aquí es descripta es el comienzo de la terapia sistémica estructural (TSE) (Minuchin, 1999; Minuchin & Fishman, 1983). El primer objetivo de la terapia es correr el síntoma del paciente por el que se ha consultado, que se denomina paciente identificado (PI), hacia los miembros de la familia. Ello implica hacer relacional al síntoma o, lo que es similar, que la familia sienta que "todos tenemos algo de este síntoma, es decir, todos somos parte del problema", porque luego les permitirá pensar que "todos somos parte de la solución". En consecuencia: que la familia se involucre. Cuando toda la familia se sienta parte del problema se habrán alcanzado dos objetivos: 1) el PI tiene menor ansiedad (objetivo muy importante); 2) los padres se encuentran más dispuestos a colaborar con la terapia, admitiendo también sus dificultades. Muchas veces es una tarea difícil, pero construir una alianza terapéutica con la familia es la clave para que el terapeuta pueda ayudar.

En el caso del capítulo que nos convoca, esto no quiere decir ignorar que una persona con un diagnóstico de trastorno de Asperger tenga un "trastorno", "síndrome", "problema", sino que, desde la aceptación y la mirada de cada miembro hacia adentro y al entramado de relaciones en el seno de la familia, puedan encontrar los recursos para ayudarse entre ellos; incluso el PI puede ayudar a los demás miembros de la familia, vale decir, la intención terapéutica es correrlo del rol de enfermo y ubicarlo en el rol de hijo y hermano, alumno, de darle poder, ayudarlo con su autoestima, con su dificultad a nivel social. Los terapeutas sistémicos solemos decir que nuestro paciente es la familia, porque las familias que tienen un niño con síndrome de Asperger (SA) son familias en continuo estrés (Herbert, 1995; Mori, Ujiie, Smith & Howlin, 2009; Pisula & Porebowicz-Dörsmann, 2017), por ello se las denomina también familias desvalidas (Pittman III, 1998). En estos casos, requieren una ayuda del terapeuta, pero este tiene que intervenir poco y propiciar que la familia utilice sus recursos y descubra otros para las diferentes situaciones que se le presentan. Un modo actual de encarar el diálogo con una familia que tiene un integrante con SA es utilizar las áreas de interés de la persona para comenzar a hablar en una primera entrevista, porque transforma al chico discapacitado en uno experto (Simon, 2004). De este modo, la configuración familiar va cambiando.

"Es el caso de un niño a quien le da un ataque de ira a la hora de salir para un importante evento familiar. Estas situaciones plausibles de acontecer ante eventos importantes para la familia o en la escuela son ensayadas en sesión mediante role playing (juego de roles) con diferentes posibilidades de acción, para que el niño termine su conducta, el miembro que grita no lo haga, se disminuya el estrés familiar y todo el conjunto de conductas negativas que se desencadenan típicamente ante esta conducta, hasta que se logra la calma. En consecuencia, el terapeuta ayuda a los padres a encontrar soluciones alternativas, porque si nos consultan es porque las probadas en su casa no han funcionado. Por ello es que también les ofrecemos un espacio a sola a los padres para ayudarlos con el estrés, aumentar su autoestima y que tengan su espacio" (Solomon & Chung, 2012).

El terapeuta de familia parte del principio de que modificando la conducta de un miembro del sistema se modifica el sistema, por lo cual, en este caso, con la familia completa en sesión se podría utilizar una técnica de "escenificación" (Minuchin & Fishman, 1997), que tiene un parecido a la teatralización, con algunas modificaciones que va realizando el terapeuta.

La terapia sistémica estructural es social, por lo cual se espera que se transfiera lo aprendido en la sesión fuera de ella. En sesiones posteriores se refuerza con otras técnicas que se les hace practicar dentro y fuera de la sesión. Luego prosigue con una etapa de mantenimiento y culmina con la de cierre.

Una pregunta que nos hacen frecuentemente es la siguiente: "¿qué tanto los adultos podemos hablar frente a nuestros hijos?". Tanto la clínica como los casos judicializados, supervisiones y bibliografía sustentan que, para sorpresa de muchos, no hay nada que los chicos no sepan cuando se habla en terapia. Por ello, citamos a toda la familia sin importar la edad. Además, para cuestiones íntimas, los padres pueden solicitar al terapeuta sesiones individuales, conyugales o parentales.

Cuando la familia consulta por un adolescente con diagnóstico de trastorno de Asperger, primero establecemos una fuerte alianza terapéutica con la familia, nos conocemos, los escuchamos y preguntamos; por eso es necesario que vengan todos. Luego, o en simultáneo, realizamos una etapa de psicoeducación (enseñamos sobre el trastorno y aclaramos dudas (Bradford, 2010). Durante ese período el terapeuta aprende más de la familia y del paciente por el que se consulta. Y también la familia descubre cuáles son sus fortalezas y cuáles podrían ser sus debilidades para brindar ayuda al PI. El terapeuta sistémico traza un mapa de los roles y funciones de cada miembro, de las fronteras y jerarquías y hace un genograma (Minuchin, 1999), que es una representación gráfica de la historia de la familia, sus vínculos, relaciones y alianzas. Provee material clínico de fácil acceso; además, allí se indican enfermedades presentes y pasadas e información que el profesional considere importante. Por ejemplo, rastrea si alguien en la familia tiene o ha tenido TEA o Asperger, o algún otro trastorno, incluso dos generaciones anteriores (Glasserman et al., 2008; Droeven et al., 2004). También observa quiénes son los otros miembros sintomáticos y elabora estrategias que involucren al PI para empoderarlo dentro de la familia. En simultáneo, tiene entrevistas con los padres para ayudarlos con los diferentes problemas y dudas que se les suscitan y no creen pertinente o no pueden plantear en las sesiones familiares, además de los temores que se les presentan. Por lo general, estos encuentros consisten en sesiones de psicoeducación y de entrenamiento y construcción a/con los padres de estrategias para diversas cuestiones que puedan acontecer con este miembro excepcional que habita en esta familia. Todas las estrategias no están estandarizadas, sino que se construyen y adaptan para esta persona que es única.

Sobre confianza, cambios y esperanza

Siempre tenemos que ser realistas, considerando límites y potencialidades, pero es muy importante transmitir esperanzas, primero, porque nosotros, los terapeutas, creemos genuinamente que los pacientes (el paciente sintomático y la familia) tienen recursos que pueden ser desarrollados, potencializados.

Juan Pablo tiene 16 años y está diagnosticado con síndrome de Asperger. Casi toda su vida ha transcurrido entre equipos terapéuticos. Su mayor dificultad está en las relaciones sociales. Tiene intereses restringidos, entre ellos, el tenis como deporte, en el cual es muy bueno. Los padres decidieron, junto al equipo terapéutico, ponerle un acompañante terapéutico (AT) los fines de semana, que lo llevara toda la mañana a jugar al tenis, debido a que nunca tiene con quién jugar, excepto un instructor. La madre era un poco reacia a que Juan Pablo estuviera algunas horas fuera de casa. Sin embargo, el equipo buscó un AT que fuera buen tenista y, además, psicólogo. Mientras tanto, la pareja parental trabajó con el terapeuta los sábados, en el mismo horario, los temores a dejarlo solo y problemas que se les planteaban en el presente. Les preocupaba el futuro, como por ejemplo la universidad (toda la familia era profesional y Juan Pablo tenía un alto funcionamiento intelectual, pero se planteaban qué podría ocurrir después de los estudios). A la madre le costaba mucho esfuerzo dejarlo ir estas horas, si bien sabía que estaba haciendo algo que le gustaba y confiaba mucho en el AT. Los padres no sabían cómo podían hacer para ayudar a Juan Pablo para que adquiriese más habilidades en la comunicación con otros y contenerlo en los ataques de furia. Todo esto se trabajaba con los padres, pero también en las sesiones familiares, debido a que todos los miembros de la familia podían alternarse para ser coterapeutas y ayudar a Juan Pablo, sin sobrecargar a uno solo.

El acompañante terapéutico, por su parte, observó que la familia le daba poco espacio a Juan Pablo para su edad, entonces, como las canchas quedaban cerca de la casa de la familia de un amigo, llamaba e iba con Juan Pablo a tomar el té, junto con la familia del amigo. En aquellas ocasiones, según ha referido el AT, Juan Pablo nunca tuvo un problema de conducta, se comportó siempre educadamente, pedía permiso al AT con la mirada para servirse gaseosa, podía elegir dónde sentarse, realizaba varias actividades libremente y si se le preguntaba algo directamente, respondía (aunque a veces escuetamente, lo que podría confundirse con timidez, ha dicho el AT).

Estas visitas se repitieron varias veces y Juan Pablo logró adaptarse con comodidad.

Un día hubo un evento deportivo al que el AT quería ir con su amigo y decidieron invitarlo. Juan Pablo estaba entusiasmado. Sin embargo, en algún momento, el ruido y la gente hicieron que no sopor-

tara más la situación y pidió a su padre por What-sApp que lo fuera a buscar; se arregló solo y luego avisó que se iba. A pesar de todo fue una buena experiencia de más de tres horas fuera de su casa, rodeado de gente de su edad.

Mientras Juan Pablo estaba con el AT los padres tenían sesiones de coterapia: se trabajaba con el *feedback* recibido del equipo y de la casa y evaluaban si las estrategias les resultaban cómodas y cuáles no, las ensayaban en sesión, contextualizaban y fundamentalmente se trabajaba el por qué y para qué de esa intervención. ¿Qué situaciones se les planteaban tan problemáticas como para requerir que la psicóloga les enseñara intervenciones, estrategias, técnicas para ayudar a su hijo?[2]

¿Qué podemos aprender de la familia narrada? Primero, que cuando los hijos están bien y tienen menos estrés, lo mismo les pasa a los padres. También, que se puede enfrentar los miedos en situaciones controladas y con planes alternativos (téngase presente que el acompañante terapéutico era psicólogo), para luego extender ese aprendizaje al mundo, como tomar el

---

2   La terapia cognitivo-conductual tiene protocolos de intervención estandarizados y basados en la evidencia, de los que la terapia sistémica (familiar) desgraciadamente carece.

té. Que la madre, al comienzo más temerosa y reacia a que Juan Pablo tuviera un AT los fines de semana, fue quien, emocionada, más agradeció los espacios de los fines de semana, que también le dieron tiempo para sí, y enterarse sobre el grado de autonomía que iba adquiriendo su hijo en el mundo externo. Dejarlo ir al evento fue otra difícil decisión para la pareja parental; sin embargo, la tomaron como un desafío, considerando que vivimos en una era donde los celulares y el WhatsApp están al alcance de la mano. Esto les brindó a los padres un sentido de autoeficacia en la toma de decisiones respecto de Juan Pablo, quien estaba creciendo, y esta cuestión les preocupaba. Estos cambios son celebrados con las familias, y connotados positivamente (Watzlawick, Bavelas & Jackson, 1989), porque son el puntapié para otros cambios.

Otra modalidad terapéutica en que los padres trabajan como coterapeutas es la terapia cognitivo-conductual (TCC).

La vida de las personas con síndrome de Asperger requiere de un alto grado de organización. Por un lado, porque tienen un equipo terapéutico, lo cual implica la ocupación de varias horas del día en tratamientos. Por otro lado, porque su vida necesita de una organización externa que les permita descansar adecuadamente (suelen tener problemas de sueño) y realizar sus tareas (tienen poca tolerancia a la frustración y dificultad para mantenerse en una tarea ajena a la de su interés); además de incluir entre sus actividades alguna extraescolar, por un lado, por una cuestión de ocupación del tiempo, pero fundamentalmente por la socialización. Este rompecabezas de actividades requiere de un orden *per se*. A su vez, estos niños necesitan de cierto formato que organice sus vidas. Es por ello que cuando los padres pueden comprometerse con la terapia de sus hijos suele llamárselos coterapeutas. Asumen un doble rol, el de ser padres, pero también ayudar a que el niño transfiera a la casa, como primer medio de socialización, el aprendizaje que se empieza a lograr en sesión. Es entonces que la casa se vuelve un lugar de amor, así como de límites, tal como se realiza en la crianza de otros niños, pero con otras pautas y ritmos. Entonces los padres son quienes deben elaborar un plan para su hogar, que involucre a todos los miembros de la familia. Deben diseñar una rutina diaria y trabajar a nivel conductual (cómo decir la última palabra, y quién, ante un problema; establecer acuerdos sobre conductas problemáticas, así como también planificar el apoyo y la organización familiar).

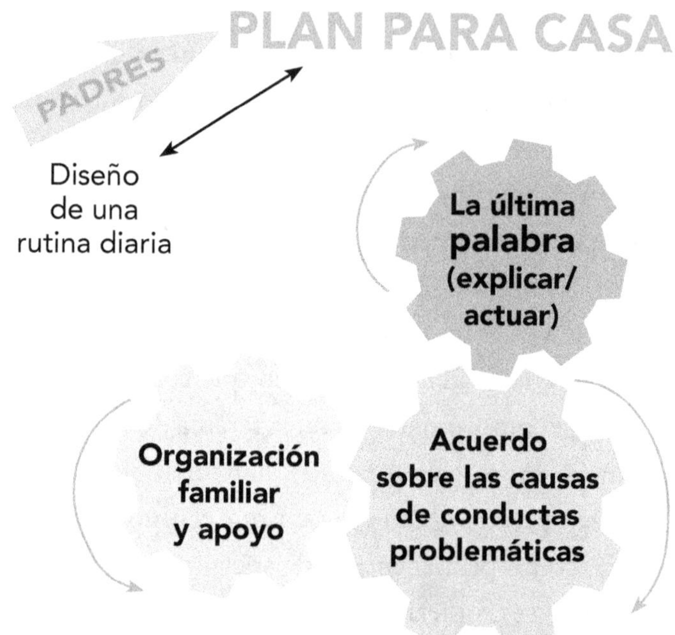

Figura 2: Plan organizativo para el trabajo de padres como coterapeutas de hijos con síndrome de Asperger.

La planificación de la rutina es importante para toda la familia. Es frecuente observar cómo la familia en su conjunto se acomoda en torno de la persona con síndrome de Asperger. La propuesta aquí es prácticamente inversa, de modo tal de estimular al paciente a alcanzar ciertos logros. Por ello, la planificación de la rutina es para el paciente con SA, pero también para toda la familia.

Planificación de una rutina diaria

Familia		
Rutina de la mañana	Suelen tener mayor dificultad para los cambios. Por ejemplo, en la situación de despertar a la mañana: llamados de los padres y diferentes alarmas (los padres serán el último recurso). Seleccionar ropa el día anterior. Preparar mochila/cosas el día anterior.
Tareas	Primero, los padres podrían elegir lo que presuman que le gustaría más a su hijo y trabajar con él hasta que lo complete. Luego, incrementar la dificultad. Pero siempre deben enseñarle al niño y poner memos.
Horario después de la escuela	Actividades según cada chico. Algunos prefieren los deportes; otros necesitan estar tranquilos. Tener presente qué actividad funciona bien inmediatamente después de la escuela.
Tareas escolares	Lugar, horario y materiales estructurados para manejar la distracción. Los padres les ayudan a comenzar (estructuración), más otras necesidades a demanda o según detecten la necesidad en el niño.
Tiempo de acostarse	Muchos sufren trastornos de sueño. Preguntar la causa cuando no se quieren ir a acostar. Los tratamientos son diferentes (primero, se consulta al médico).

Figura 3: Planificación de rutina diaria para que padres de hijos con síndrome de Asperger trabajen en su hogar como coterapeutas. La rutina diaria se planifica por parte de toda la familia.

Recursos de consulta y apoyo: material para psicoeducación de padres (los de lengua extranjera) y sobre grupos de pares en Argentina (los últimos en español):

Autism Canada	https://autismcanada.org
Research Autism	https://www.researchautism.net/
Autism Europe	https://www.autismeurope.org/
Autism India	http://www.autism-india.org
WHO (World Healh Organization)	https://www.who.int/news-room/fact-sheets/detail/autism-spectrum-disorders
Confederación Autismo España	http://www.autismo.org.es
Autismus Deutschland	https://www.autismus.de
Autistica	https://www.autistica.org.uk
Mujeres TEA	https://www.facebook.com/MujeresTea/
Rubikear	https://www.facebook.com/rubikear/
YO ENFOCO	https://www.facebook.com/yoenfoco.tallerestea/
Fundación Brincar por un autismo feliz	https://www.brincar.org.ar/
Asociación Asperger Argentina	http://asperger.org.ar/

Nota: la información internacional ha sido adaptada de: Lord et al., 2020; la nacional es recopilación de la autora del presente capítulo.

Bibliografía

BRADFORD, K. (2010). "Brief Education about Autism Spectrum Disorders for Family Therapists". *Journal of Family Psychotherapy*, 21 (3): 161-179.

DROEVEN, J. (2004). *Más allá de pactos y traiciones. Construyendo el diálogo terapéutico.* Ciudad Autónoma de Buenos Aires: Grama.

GLASSERMAN, M. R. (2008). *Familias gravemente perturbadas. Una clínica sin clausuras.* Buenos Aires: Lugar Editorial.

HALEY, J. (1999). *Terapia para resolver problemas. Nuevas estrategias para una terapia familiar eficaz.* Buenos Aires: Amorrortu.

HALEY, J. Y HOFFMNAN, L. (1989). *Técnicas de terapia familiar.* Buenos Aires: Amorrortu.

MINUCHIN, S. (1999). *Familias y terapia familiar.* Barcelona: Gedisa.

HERBERT, M. (1995). "A Collaborative Model of Training for Parents of Children with Disruptive Behaviour disorders". *British Journal of Clinical Psychology*, 34 (3): 325-342.

LORD, C.; BRUGHA, T. S.; CHARMAN, T.; CUSACK, J.; DUMAS, G.; FRAZIER, T.; & TAYLOR, J. L. (2020). "Autism Spectrum Disorder". *Nature Reviews Disease Primers*, 6 (1): 1-23.

MINUCHIN, S. Y FISHMAN, H. C. (1983), *Técnicas de terapia familiar.* Barcelona: Paidós.

MORI, K.; UJIIE, T.; SMITH, A. & HOWLIN, P. (2009). "Parental Stress Associated with Caring for Children with Asperger's Syndrome or Autism". *Pediatrics International*, 51 (3): 364-370.

MYLES, B. S. & SOUTHWICK, J. (2005). *Asperger Syndrome and Difficult Moments: Practical Solutions for Tantrums, Rage, and Meltdowns.* Kansas: AAPC Publishing.

PISULA, E. & PORĘBOWICZ-DÖRSMANN, A. (2017). "Family Functioning, Parenting Stress and Quality of Life in Mothers and Fathers of Polish Children with High Functioning Autism or Asperger Syndrome". *PLOS ONE*, 12 (10): e0186536.

Pittman III, F. S. (1998). *Momentos decisivos: Tratamiento de familias en situaciones de crisis*. Barcelona: Paidós.

Simon, G. (2004). "Systemic Family Therapy with Families with a Child Who Has a Diagnosis of Asperger Syndrome". *Human Systems: The Journal of Systemic Consultation and Management*, 15 (4): 257-274.

Solomon, A. H. & Chung, B. (2012). "Understanding Autism: How Family Therapists Can Support Parents of Children with Autism Spectrum Disorders". *Family process*, 51 (2): 250-264.

Watzlawick, P.; Bavelas, J. B. y Jackson, D. D. (1989). *Teoría de la comunicación humana: interacciones, patologías y paradojas*. Barcelona: Herder Editorial.

10. TRABAJO EN LAS INSTITUCIONES EDUCATIVAS Y CON DOCENTES. ¿CÓMO HACER LAS ADAPTACIONES ESCOLARES NECESARIAS?

por MARCELA ROMINA CETTI

La Convención sobre los Derechos de las Personas con Discapacidad, la cual fue adoptada en nuestro país por la ley 27.044, propone en su artículo 24 garantizar la educación inclusiva (Convención sobre los derechos de las personas con discapacidad, sf). Para tal fin se propone la realización de "ajustes razonables". Estos están definidos en el artículo 2 de la presente convención como las modificaciones y adaptaciones que se requieren para garantizar los derechos humanos y libertades de las personas con discapacidad. Además, propone que se brinden medidas de apoyo personalizadas que resulten efectivas con dirección al desarrollo académico y social.

Para ello, en la Ciudad Autónoma de Buenos Aires, la disposición 219/DGEGP/12 considera la elaboración de un proyecto pedagógico para la inclusión (PPI) (disposición Nº 219/DGEGP/12, sf), el cual considera ejes prioritarios y apoyos específicos, prácticos y necesarios (resolución CFE N° 311/16, sf).

En esta oportunidad y en el marco de la intervención psicoeducativa, considerada como la más apropiada para el desarrollo de las personas con trastorno del espectro autista (Martínez, 2016), intentaremos ofrecer un ejemplo de un programa específico de enseñanza de resolución de inferencias anafóricas (recurso necesario e indispensable para establecer cohesión en el relato y, como consecuencia, comprender un texto) (Carreiras & Alonso, 1999). Estableceremos qué y cómo enseñar la realización de inferencias en un espacio escolar, considerando uno de los procesos cognitivos alterados (teoría de la mente) en niños con trastorno del espectro autista (en adelante, TEA).

Actualmente, al conjunto de las alteraciones que se presentan durante el desarrollo y que afectan la interacción social, el lenguaje y la comunicación y se expresan a través de conductas e intereses repetitivos y estereotipados, se lo denomina trastorno del espectro autista. Estos trastornos son una condición que afecta a las personas como consecuencia de una alteración evolutiva en sus capacidades para comunicarse e interactuar socialmente. A este trastorno, que se manifiesta como un continuo en diferentes dimensiones, se lo considera una alteración del neurodesarrollo y el nivel de afectación está determinado por la dificultad en el tipo de comunicación y la conducta (repetitiva y/o restringida) (Martínez, 2015).

Según la última versión del *Manual diagnóstico y estadístico de los trastornos mentales: DSM 5* (APA, 2014), estos síntomas debieran presentarse en los primeros años de vida, y puede ocurrir que se disfracen por conductas aprendidas posteriormente o no manifestadas hasta que el contexto lo requiera. Los síntomas afectan de manera significativa el desarrollo de diferentes dimensiones de la vida de la persona implicada, tanto a nivel social como laboral. Las dificultades no se explican por una discapacidad intelectual o por un retraso del desarrollo global.

Comprensión lectora

Tradicionalmente, la enseñanza de habilidades de comprensión lectora en niños y jóvenes con TEA recibió poca atención (O´Connor y Klein, 2004; McIntyre, Oswald, Solari, Zajic, Lerro, Hughes, Devine & Mundy, 2018), debido a que tanto las dificultades en comunicación (preverbal y verbal), en el lenguaje, como en habilidades sociales y de conducta reclamaron una atención prioritaria.

La comprensión lectora es un proceso que implica la interacción entre el lector y el discurso y, como consecuencia, la construcción de una representación mental sobre el significado general del texto (León, 2003; García Madruga, 2006). Para ello se requiere, en relación con el nivel del discurso, de habilidades y procesos cognitivos. Entre ellos se encuentran la realización de inferencias, la resolución de dispositivos cohesivos, el uso del contexto, el monitoreo, el conocimiento de la superestructura del texto y la memoria operativa (Cain & Oakhill, 2007).

Asimismo, León (2003) explicita la importancia de la realización de inferencias en la construcción del modelo mental (significado global del texto), sin las cuales no es posible establecer coherencia entre y dentro de las oraciones (coherencia local) y entre diferentes partes del texto y los conocimientos previos del lector u oyente (coherencia global). Poder realizar inferencias permite predecir conductas que promueven la comprensión de la realidad y, como consecuencia, comprender un mensaje escrito. Son el punto de encuentro entre el sujeto y el texto (García Madruga, 2006). En general, el tipo de texto estudiado en este tema es el texto narrativo (Gárate, Gutiérrez, Luque, García Madruga, Elosúa, 2006). Esto se debe a que, por un lado, la estructura es más sencilla en relación con la estructura de textos expositivos y, por el otro, los temas que tratan resultan ser sobre situaciones de interacción que se dan en la vida cotidiana entre las personas. Es por ello que García Madruga (2006) dice: "Todos los seres humanos poseemos una **teoría de la mente**, que nos permite comprender los estados mentales de los demás en las situaciones que se describen en los textos narrativos (…)" (p. 95). Es decir, el lector requiere de habilidades de atribución mental que le permitan otorgar una intención a las acciones de los personajes de un cuento, y así comprender lo que ocurre entre ellos.

La teoría de la mente es una habilidad que nos permite otorgar estados mentales a otras personas (deseos, creencias, intenciones), diferenciarlos de los propios y anticipar su conducta en función de las inferencias realizadas (Rivière, 2003). Es una habilidad automática e inconsciente, denominada también como mentalización (Frith, 2003). Wellman (1990) propone una explicación evolutiva del desarrollo de la habilidad mentalista y provee un instrumento sensible para medir su desarrollo (Wellman y Liu, 2004), el cual demuestra que los niños que pasan ítems posteriores de la escala también pasan los primeros, lo que refuerza la idea de un desarrollo progresivo y no de una adquisición de todo o nada, como se venía sosteniendo en paradigmas previos (Wimmer y Perner, 1983).

El conocimiento de que las personas con TEA presentan una habilidad de teoría de la mente alterada es una idea conocida y aceptada (Baron-Cohen, Lesli & Frith, 1985; Wellman, Cross & Watson, 2001). Esta habilidad Rivière (2003) la describe como una función cognitiva que se desarrolla solamente en contextos de interacción significativa, y su déficit impacta en procesos de enseñanza explícitos (comprensión lectora).

Inferencias anafóricas: un tipo de inferencias que reclama atención

Las inferencias anafóricas son un tipo de inferencias que se requieren para establecer coherencia local. Es una palabra o una frase que se vincula a un elemento que ya apareció en el texto. Se producen de manera natural y se requieren para establecer coherencia entre y dentro de las frases (León, 2003).

O´Connor y Klein (2004) exploraron el efecto de tres tipos de estrategias que facilitaban la comprensión lectora en adolescentes con TEA de alto funcionamiento. Las condiciones fueron: responder preguntas antes de la lectura, completar frases incompletas y resolver inferencias anafóricas. El análisis de los datos arrojó que existe diferencia significativa entre las tres condiciones, pero solo la estrategia de enseñar de manera explícita las señales anafóricas resultó estadísticamente significativa. Asimismo, informaron que en la medida en que se atiende a un proceso cognitivo de manera puntual, la comprensión lectora mejora.

Existen muchos textos destinados a trabajar la comprensión lectora (Catalá, Catalá, Molina & Monclus, 2005; Navarro Martínez, 2008; Gottheil & Fonseca, 2011), pero ninguno presenta de manera específica la enseñanza de la resolución de este tipo de inferencias en niños con TEA de alto funcionamiento, la cual impacta de manera significativa en su comprensión.

En síntesis, sabemos que las variables comprensión lectora y teoría de la mente se relacionan (Saldaña y Frith, 2007; Colle et al. 2008; White et al. 2009; Valdez, 2011; Brown, Oram-Cardy & Johnson, 2013; Bodner et al. 2015; McIntyre et al., 2018), que las personas con TEA de alto funcionamiento presentan déficit en esta última (Baron-Cohen, Leslie & Frith, 1985) y, además, que esta población muestra dificultades en la resolución de inferencias anafóricas (O´Connor & Klein, 2004). Es a partir de estos datos y conociendo la importancia que los textos escritos presentan específicamente en el ámbito escolar, en cuanto medio de enseñanza y transmisión de conocimiento, que consideramos oportuno ofrecer al educador un ejemplo concreto que contribuya al trabajo cotidiano.

Cómo enseñar a resolver inferencias anafóricas

La literatura describe que los niños con TEA de alto funcionamiento sin discapacidad intelectual logran resolver inferencias necesarias para establecer coherencia local (Happé, 1993, 1994), tienen en cuenta el vocabulario y, además, si el personaje de la historia se relaciona con un objeto, independientemente del verbo (mental o no mental), alcanzan su resolución. Sin embargo, para poder resolver anáforas donde el personaje se vincula con otro sujeto, los niños con TEA de alto funcionamiento presentan dificultad (White et al., 2009). Antes de leer un texto se sugiere, entre muchas otras estrategias, las cuales se derivan de los procesos que involucran la comprensión lectora (vocabulario, conocimiento de la superestructura del texto, automonitoreo, memoria de trabajo), el trabajo específico de realización/resolución de inferencias, habilidad considerada como punto de encuentro entre el sujeto y el texto.

Es por ello que presentamos un ejemplo de enseñanza secuenciada y explícita, la cual se puede tomar como una metodología singular y específica para esta población (y, por qué no, para todos los niños de la clase), de inferencias anafóricas como recurso previo de acceso al texto. Para ello se tendrá en cuenta el tipo de relación del personaje y el tipo de verbo presentado, estableciendo así una secuencia en orden de complejidad creciente.

El procedimiento será el siguiente: a) en primer lugar, se les ofrecerá a todos los niños un texto donde el personaje de la historia se relacione con objetos y los verbos sean físicos (correr, tomar, comer, etc.). Los niños con TEA de alto funcionamiento no presentan dificultad en este tipo de textos (Happé, 1993, 1994; White et al., 2009). Todos los niños de la clase pueden trabajar en este nivel. Esto resulta interesante, ya que se ofrecerá una actividad que, en vez de excluir, incluya; b) en segundo lugar, se les ofrecerá a todos los niños un texto donde el personaje se relacione con objetos, pero que incluirá verbos mentales (pensar, extrañar, creer, recordar, etc.). Este tipo de texto también es accesible a niños que presentan TEA de alto funcionamiento; c) en tercer lugar, se les presentarán textos donde el personaje se relacione con otra persona y el verbo sea físico; y d) por último, se les presentará un texto donde el personaje se relacione con otra persona y el verbo sea mental. Como mencionamos anteriormente, los niños con TEA de alto funcionamiento presentan dificultad en estos dos últimos tipos de texto; es por ello que será importante saber qué nivel de Teoría de la Mente (ToM) alcanzan y, en función de ello, presentar de manera secuenciada y repetitiva actividades en las que se les enseñe explícitamente este tipo de estrategia.

El estímulo se dispondrá en oraciones con estructura sintáctica simple: sujeto, verbo, predicado. Primero, se le ofrecerá una explicación concreta y se modelará la respuesta, con el objetivo de obtener respuestas exitosas; luego, el docente le hará una pregunta sobre la que el niño deberá comprender la anáfora para responder correctamente. Se le ofrecerán diversos ejemplos para que pueda practicar su resolución con ayuda del maestro.

Segundo, se podrán incorporar los textos trabajados en un primer momento a un relato corto, sugiriendo preguntas explícitas y/o implícitas, reconocimiento de número y género del sustantivo al que se refiera la anáfora. Tercero, se podrán sumar los tipos de textos para trabajar de manera conjunta y entremezclada. Además, se pueden presentar no solo anáforas pronominales, sino también lexicales: por reiteración, contigüidad y sustitución (construcción equivalente o paráfrasis, sinonimia, hiperónimo, hipónimo, entre otras) y/o elípticas (Marín, 2004). Según Borzone (2005), el nivel de explicitud y distancia impacta en la resolución de la tarea. Por ello, para complejizarla, además se podrá presentar el antecedente y su anáfora correspondiente para dejar mayor distancia entre ambas. Esta secuencia de presentación puede replicarse con textos que resulten familiares para los niños. Ofrecemos algunos ejemplos según orden de complejidad.

SUJETO/	VERBO NO MENTAL	VERBO MENTAL
OBEJTO	Juan se lastimó con una <u>piedra</u>. El niño <u>la</u> pateó. ¿Qué pateó Juan? Pedro dejó la <u>mochila</u> en el kiosco. El niño <u>la</u> recuperó. ¿Qué recuperó Pedro?	Julián admiró el <u>premio</u>. El joven <u>lo</u> agradeció. ¿Qué agradeció Julián? Vera extrañaba a su <u>peluche</u>. La niña <u>lo</u> encontró. ¿Qué encontró Vera?
SUJETO	José abrazó a su <u>maestro</u>. El niño <u>lo</u> apretó fuerte. ¿A quién apretó José? Juan encontró a su <u>papá</u>. El joven <u>lo</u> saludó. ¿A quién saludó José?	Sofi extrañaba a su <u>tío</u>. La niña <u>lo</u> visitó. ¿A quién visitó Sofi? María culpó a su <u>primo</u>. La niña <u>lo</u> acusó delante de su papá. ¿A quién acusó María?

Finalmente, detallamos algunos pasos que nos parecen significativos al momento de enseñar estrategias de comprensión lectora a niños con TEA de alto funcionamiento; entre ellas, modelado, práctica guiada, práctica independiente y evaluación (Beltrán, citado en Navarro Martínez, 2008). El autor propone el método llamado enseñanza directa para acercar a los niños estrategias de comprensión lectora. Los pasos sugeridos son: a) en primer lugar, el maestro muestra de manera directa lo que se espera que el niño haga, describe la actividad de forma detallada; b) en segundo lugar, el maestro propone al niño una tarea que sabe que este podrá realizar con éxito (si es necesario, corrige, pero alienta al niño a que se anime a trabajar); c) en tercer lugar, el niño realiza de manera independiente una actividad similar a la que practicó junto al docente, y d) finalmente, se evalúa su adquisición en función de si lo logrado está en relación con lo esperado.

A modo de conclusión, albergamos la premisa de atender y fortalecer siempre los aspectos conservados del desarrollo, descubrir los talentos individuales, desvanecer progresivamente las ayudas, desarrollar y atender aquellos déficits que interfieren en el proceso de aprendizaje, considerando programas comprensivos (Martínez, 2016), los cuales describen qué, cómo y cuándo enseñar habilidades que se encuentran alteradas en el trastorno del espectro autista.

Además, conocer cuáles son los aspectos alterados del desarrollo de cada niño en particular, su forma de acceder a la información, su nivel de teoría de la mente, su capacidad de memoria de trabajo y las dificultades en funciones ejecutivas promueve una enseñanza comprometida, sensible y personalizada.

Bibliografía

APA (2014). *DSM-5 Manual diagnóstico y estadístico de los trastornos mentales.* Argentina: Editorial Médica Panamericana.

Baron-Cohen, S.; Leslie, A. M. & Frith, U. (1985). "Does the Austictic Child have a Theory of Mind?". *Cognition*, 21: 37-46.

Bodner, K. E.; Engelhardt, C. R; Minshew, N. J. & Williams, D. L. (2015). "Making Inferences: Comprehension of Psysical Causality, Intentionality, and Emotions in Discourse by High-Functioning Older Children, Adolescents, and Adults with Autism". *Journal of Autism and Developmental Disorders*, 45: 2721-2733.

Borzone, A. M. (2005). "La resolución de anáforas en niños: incidencia de la explicitud y de la distancia". *Interdisciplinaria*, (22) 2: 155-182.

Brown, H. M.; Oram-Cardy, J. & Johnson, A. (2013). "A Meta-Analysis of the Reading Comprehension Skills of Individual on the Autism Spectrum". *Journal of Autism and Developmental Disorders*, 43: 932-955.

Cain, K. & Oakhill, J. (2007). "Reading Comprehension Difficulties. Correlates, Causes, and Consequences". In: Cain, K. & Oakhill, J. (Eds.). *Chidren's Comprehension Problems in Oral and Written Language.* New York: The Guilford Press, pp. 41-75.

Carreiras, M. y Alonso, M. A. (1999). "Comprensión de anáforas". En: De Vega, M. y Cuetos, F. (Eds.). *Psciolingüística del español.* Madrid: Trotta, pp. 203-230.

Catalá, G.; Catalá, M.; Molina, E. y Monclús, R. (2005). *Evaluación de la comprensión lectora.* Barcelona: Editorial Graó, de IRIF, SL.

Colle, L.; Baron-Cohen, S.; Wheelwright, S. & Van der Lely, H. K. J. (2008). "Narrative Discourse in Adults with High-Functioning Autism or Asperger Syndrome". *Journal of Autism and Developmental Disorders*, 38: 28-40.

Frith, U. (2003). *Autism: Explaining the Enigma.* Oxford: Backwell.

GÁRATE, M.; GUTIÉRREZ, F.; LUQUE, J. L.; GARCÍA MADRUGA, J. A. Y ELOSÚA, M. R. (1999). "Inferencias y comprensión lectora". En: García Madruga, J. A.; Elosúa, M. R.; Gutiérrez, F.; Luque, J. L. & Gárate, M. (Eds.). *Comprensión lectora y memoria operativa*. Barcelona: Paidós Ibérica, pp. 33.53.

GARCÍA MADRUGA, J. A. (2006). "Inferencias y comprensión lectora". En: García Madruga, J. A. (Ed.). *Lectura y conocimiento*. Barcelona: Paidós, pp. 69-98.

GOTTHEIL. B. Y FONSECA, L. (2011). *Programa Lee comprensivamente*. Buenos Aires: Paidós.

GRUPO ARTÍCULO 24 - Por la Educación Inclusiva. Buenos Aires. Recuperado de https://grupoart24.org/documentos/GrupoArt24-Convenio-Internacional-Derechos-Discapacidad.pdf

GRUPO ARTÍCULO 24 - Por la Educación Inclusiva. Buenos Aires. Recuperado de https://grupoart24.org/documentos/GrupoArt24-Ley219.pdf

GRUPO ARTÍCULO 24 - Por la Educación Inclusiva. Buenos Aires. Recuperado de https://grupoart24.org/documentos/res311-2016/anexo-ii-res-311-cfe.pdf

GUTIÉRREZ, F.; ELOSÚA, M. R.; GARCÍA MADRUGA, J. A.; GÁRATE, M. Y LUQUE, J. L. (2006). "Memoria operativa y comprensión lectora". En: García Madruga, J. A.; Elosúa, M. R.; Gutiérrez, F.; Luque, J. L. y Gárate, M. (Eds.). *Comprensión lectora y memoria operativa*. Buenos Aires: Paidós, pp. 15-31.

HAPPÉ, F. G. E. (1993). "Communicative Competence and Theory of Mind in Autism: A Test of Relevance Theory". *Cognition*, 48: 110-119.

HAPPÉ, F. G. E. (1994). "An Advanced Test of Theory of Mind: Understanding of Story Character´s Thoughts and Feelings by Able Autistic, Mentally Handicapped, and Normal Children and Adults". *Journal of Autism an Developmental Disorders*, 24 (2): 129-154.

LEÓN, J. A. (2003). "Una introducción a los procesos de inferencias en la comprensión del discurso escrito". En: León, J. A. (Ed.). *Conocimiento y discurso*. Madrid: Ediciones Pirámide, pp. 23-43.

Marín, M. (2004). *Lingüística y enseñanza de la lengua*. Buenos Aires: Aique.

Martínez, M. (2015). "Trastornos de espectro autista: historia, conceptualización y criterios para su diagnóstico". En: Martínez, M. *Intervención psicoeducativa para niños con trastorno del espectro autista*. Buenos Aires: Miño y Dávila Editores, pp. 15-32.

Martínez, M. (2016). "Intervención temprana en trastornos del espectro autista. Hacia una reconceptualización de las técnicas de intervención". *Perspectivas actuales en neuropsicología infantil*. Buenos Aires: Distal SRL, pp. 157-214.

McIntyre, N.; Oswald, T.; Solari, E.; Zajic, M.; Lerro, L.; Hughes, C.; Devine, R. & Mundy, P. (2018). "Social Cognition and Reading Comprehension in Children and Adolescents with Autism Spectrum Disorders or Typical Development". *Research in Autism Disorders*, 54: 9-20.

Navarro Martínez, J. M. (2008). "¿Se pueden enseñar las estrategias de comprensión lectora?". *Estrategias de comprensión lectora y expresión esscrita en los textos narrativos*. Buenos Aires: Grupo Editorial Lumen, pp. 53-57.

O´Connor, I. M. & Klein, P. D. (2004). "Exploration of Strategies for Facilitating the Reading Comprehension of High-Funcioning Students with Autism Spectrum Disorders". *Journal of Autism and Developmental Disorders*, (34) 2: 115-127.

Rivière, A. (2003). "Desarrollo y educación: El papel de la educación en el 'diseño' del desarrollo humano". En: Belinchón, M.; Rosa, A.; Sotillo, M. y Marichalar, I. (Eds.). Rivière, A. *Obras escogidas. Volumen III. Metarrepresentación y semiosis*. Madrid: Editorial Médica Panamericana, pp. 203-242.

Rivière, A. y Castellanos, J. L. (2003). "Autismo y teoría de la mente". En: Belinchón, M.; Rosa, A.; Sotillo, M. y Marichalar, I. (Eds.). Rivière, A. *Obras escogidas. Volumen II. Lenguaje, simbolización y alteraciones del desarrollo*. Madrid: Editorial Médica Panamericana, pp. 143-163.

SALDAÑA, D. & FRIGH, U. (2007). "Do Readers with Autism Make Bridging Inferences from World Knowledge?". *Journal of Experimental Child Psychology*, 96: 310-319.

VALDEZ, D. (2011). *Necesidades educativas especiales en trastornos del desarrollo*. Buenos Aires: Aique Grupo Editor.

WELLMAN, H. M. (1990). *The Child's Theory of Mind*. Cambridge, Massachusetts: The MIT PRESS.

WELLMAN, H. M.; CROSS, D. & WATSON, J. (2001). "Meta-Analysis of Theory-of-Mind Development: The Truth about False Belief". *Child Development*, 72 (3): 655-684.

WELLMAN, H. M. & LIU, D. (2004). "Scaling of Theory-of-Mind Task". *Society for Research in Child Development*, (75) 2: 523-541.

WHITE, S.; HILL, E.; HAPPÉ, F. G. E. & FRITH, U. (2009). "Revisiting the Strange Stories: Revealing Mentalizing Impairments in Autism". *Child Development*, 80: 1097-1117.

WIMMER, H. & PERNER, J. (1983). "Beliefs about Beliefs: Representation and the Constraining Function of Wrong Beliefs in Young Children's Understanding of Deception". *Cognition*, 13: 103-128.

11

TRABAJO CON PARES. ¿CÓMO LLEGAR A LA INCLUSIÓN EN EL GRUPO DE PARES?

por MARÍA BEATRIZ MOYANO, MARÍA DE LOS ÁNGELES MATOS Y MARÍA BELÉN PRIETO

Pensar en qué pueden hacer los niños para relacionarse con pares con síndrome de Asperger trae implícita la idea de inclusión social. Los lugares desde donde inicialmente podemos enseñarla y fomentarla son el seno familiar y la escuela. Los niños pasan muchas horas en el colegio. Allí aprenden y practican desde aspectos estrictamente académicos hasta cómo jugar, resolver problemas y relacionarse con pares y adultos. Es por ello muy importante que *todos* puedan vivir esta experiencia y, sobre todo, que esta sea positiva. En el caso del niño con síndrome de Asperger (SA) la escolaridad presenta desafíos tanto para él y su familia como para sus docentes y compañeros, pero puede ser también el lugar en donde aprender valores como el respeto, la igualdad, la solidaridad y la diversidad.

Los niños con síndrome de Asperger en el ámbito escolar. ¿Cuáles son sus desafíos?

Los niños con síndrome de Asperger son inteligentes, cariñosos, sensibles y, en general, quieren y buscan tener amigos. A la vez, otros comportamientos distintos, las dificultades en las habilidades mentalistas (es decir, la capacidad para comprender y predecir las conductas y emociones ajenas), en las habilidades sociales, en el procesamiento de los estímulos sensoriales y ciertas dificultades en la comunicación se evidencian rápidamente y nublan aquellas características, lo que favorece que sean aislados o al menos no tan buscados como sus pares para jugar y relacionarse, y a veces hasta que sean elegidos como blancos de hostigamiento o *bullying*.

La familia junto con los educadores y el equipo terapéutico tienen un papel fundamental para lograr el bienestar del niño con Asperger y una verdadera inclusión. Y utilizamos este término para diferenciarlo del de integración, ya que el primero es mucho más abarcativo e implica el derecho del niño a ser comprendido en su singularidad, siendo la comunidad educativa la que se adapta al alumnado. Por el contrario, la integración de un niño al sistema educativo hace énfasis en que este logre adaptarse al resto de la comunidad educativa.

La inclusión social de las personas con Trastornos del espectro del autismo (TEA) no es fácil y requiere del trabajo, de la comunicación y de la experiencia de muchos, desde la implicación de la familia a todos los profesionales del equipo terapéutico, trabajando codo a codo con el personal de la institución educativa para que esta se adapte a las características del niño.

Gracias a la investigación constante, hoy contamos con diferentes intervenciones que facilitan la inclusión.

¿Qué pueden hacer los adultos para favorecer el vínculo entre el niño con SA y sus pares?

Los docentes cumplen el rol fundamental de introducir al alumno con SA en los conocimientos académicos, concientizar a sus compañeros en su aceptación tal y como es, colaborar en su inclusión al grupo de pares y generar un intercambio enriquecedor tanto para el niño con SA como para sus compañeros. Por eso, los maestros necesitan recibir información específica respecto del TEA y, más importante aún, respecto de ese alumno individual con TEA, de sus fortalezas y dificultades, y comprender cómo siente y piensa. Conocer sus fortalezas les permitirá utilizarlas para favorecer la participación activa del niño y el desarrollo de su potencial, por ejemplo, proponiendo actividades de su dominio. Saber cuáles son sus dificultades ayudará a sus docentes a pensar vías alternativas, andamiajes y estructuras distintas, pero dirigidas al mismo fin, el aprendizaje socioemocional del niño.

Los docentes tienen en sus manos herramientas muy potentes: la psicoeducación, el hecho de actuar y formar en valores, el diseño de una currícula adaptada a las necesidades del niño, el uso de estrategias y recursos pedagógicos para que los aprendizajes le resulten significativos. Compartir con los niños información respecto de qué le pasa a su compañero con SA les permitirá no solo comprenderlo, sino además generar en muchos de ellos empatía y, desde ese lugar, intención de acompañarlo y ayudarlo. Su accionar desde valores como la aceptación, el respeto, la diversidad con el objetivo del bien común fomenta en los niños, a partir de la imitación, el desarrollo de sus propios valores. Por otra parte, que los chicos entiendan lo que le ocurre a su compañero es la primera estrategia de prevención del *bullying* en las aulas. Hay varias investigaciones que demuestran que los chicos y los docentes cambian radicalmente de actitud hacia los chicos con TEA cuando entienden qué les pasa.

Las "estrategias" más importantes para que los padres de un niño con SA favorezcan su inclusión son la presencia, la comunicación y el respeto por la singularidad y los tiempos que necesita su hijo. Asimismo, las reuniones frecuentes con sus docentes, favorecer la comunicación del equipo profesional con la escuela, brindar información, escuchar y aprovechar la experiencia de docentes y profesionales, hacer saber en su entorno su diagnóstico, estar atentos a que no se genere *bullying* o la estigmatización del niño y, en caso de que esto suceda, comunicarse con las autoridades escolares.

Dentro de la comunidad educativa, los padres de los "otros" niños también pueden favorecer o no la inclusión. A fines del año pasado, la Federación Española de Síndrome de Down estrenó la campaña "¿Quién es quién?", que habla sobre inclusión. Consistió en que una maestra propuso a sus alumnos de 1er año de primaria dibujar a un compañero, a partir de una foto que sacaban de una cesta. Luego, los padres tenían que identificar a sus hijos entre los retratos. El resultado fue que ningún familiar pudo identificar quién era quién y tampoco lograron identificar a uno de los estudiantes del curso que tenía síndrome de Down. El mensaje era claro: los niños no observaron las diferencias; esas diferencias que para muchos adultos son tan visibles.

En conclusión, se trata de que los docentes y padres transmitan a los compañeros del alumno con SA el mensaje de que aprenderán uno del otro y que hay mucho por hacer para que todos se sientan bien en la escuela.

Si los adultos presentan una mirada inclusiva, se convierten en modelos de inclusión para los niños.

¿Qué pueden hacer los compañeros del niño con TEA para relacionarse mejor?

Lo más importante que pueden hacer los compañeros de un niño con TEA es acercarse. Sabemos que para algunos niños con SA es difícil acercarse al grupo o ser aceptados, y que esto no es por falta de interés, sino por falta de estrategias. Luego, con la ayuda, la información y el modelo de los docentes (como vimos en el apartado anterior), los niños aprenden rápidamente algunos conceptos básicos: aceptar que en algunas situaciones el amigo actúa distinto, hablarle con pocas palabras que sean simples, invitarlo a jugar o a participar de las actividades que realiza con sus amigos, darle tiempo para que responda, ser paciente, conocer qué cosas lo molestan y protegerlo de ellas, conocer qué cosas le agradan y hacerlas juntos y, sobre todo, ser un buen amigo y nunca tener vergüenza de preguntar a la maestra para seguir conociendo y aprendiendo de su amigo con TEA.

¿Qué puede hacer el niño con TEA para mejorar la relación con sus pares?

Las personas con TEA tienen dificultades en dos aspectos relacionados entre sí: las *habilidades sociales y la teoría de la mente*.

Las *habilidades sociales* implican tener la capacidad de expresar sentimientos, actitudes, deseos o derechos en contextos sociales de un modo adecuado a la situación, respetando esas conductas en los demás. Ellas colaboran a relacionarnos con nuestro entorno y nos permiten modificarlo en nuestro beneficio, sentirnos bien, obtener lo que queremos y conseguir que los demás no nos impidan lograr nuestros objetivos. Son necesarias tanto en el contexto escolar como en la familia y en la comunidad. Por su parte, la teoría de la mente implica comprender que las otras personas, al igual que nosotros, tienen mente y que pueden, por lo tanto, sentir, pensar, desear, creer, ocultar, mentir, etc. Ambas habilidades son fundamentales para una adecuada vinculación; es por ello que en el tratamiento de los niños con TEA las psicoterapias trabajan de diversas formas para colaborar en su desarrollo.

La práctica, inicialmente estructurada y luego en contextos naturales, busca que las personas con TEA desarrollen, dentro de sus posibilidades y cada una en diferentes grados, estas habilidades y que las generalicen a los ámbitos en los que se desempeñan, para poder comprender y participar de lo vertiginoso de las interacciones. Su desarrollo constituye un factor protector que las hace menos vulnerables.

El SA como factor de vulnerabilidad para sufrir bullying

Los chicos y chicas con TEA parecen tener menos amigos, relaciones de menor calidad y menos duraderas. Esta falta de apoyo social es un factor de riesgo para ser víctima de acoso. De hecho, el TEA es la discapacidad con más riesgo. Riesgo, vulnerabilidad no significa que todos los alumnos con TEA estén predeterminados a ser acosados, ya que no basta solo con las características personales, sino que otro factor importante es el contexto, el centro terapéutico o el aula en el que está inmerso y con el que interactúa constantemente. Por *bullying* se entiende todo tipo de maltrato, psicológico o físico, directo o indirecto, sostenido en el tiempo y dirigido hacia una persona por parte de un otro considerado más fuerte, en el que se observa un desbalance que hace a la víctima imposible defenderse. Hoy sabemos que el *bullying* se presenta de distintas formas: burlas, exclusión, etiquetado con apodos, humillación o agresión física.

Las investigaciones sugieren que hasta un 50% de personas con TEA sufre *bullying* en algún momento de su vida, en comparación con poco más del 10% de los niños de la población general. Dentro de aquel grupo, los niños con alto funcionamiento, dificultades en la socialización, baja comprensión de las claves sociales y comportamientos rígidos eran todavía más propensos a ser intimidados. Además, se observó que un 15% de los niños autistas también era agresor.

Los niños con SA presentan un coeficiente intelectual dentro del rango normal; sin embargo, se observan en ellos dificultades en las habilidades mentalistas, interacción social y habilidades comunicacionales. Además de la dificultad para interpretar las claves sociales, usualmente tienen intereses restrictivos y pueden presentar una expresión apática o pedante. Su modo de expresarse puede conllevar largas conversaciones cuyo tema central es su interés restrictivo, y pueden ser muy formales, verborrágicos o bizarros en su forma de expresarse. La mayoría de los niños y jóvenes con síndrome de Asperger se encuentran escolarizados y pueden contar con un maestro integrador que colabore en el desarrollo de sus habilidades sociales, organización y brinde apoyo en aquellas áreas específicas en que el niño lo requiera. Si bien hoy en día el SA cuenta con mayor difusión, no todos saben de qué se trata. Cotidianamente se enfrentan a múltiples desafíos para lograr una verdadera inclusión y muchos no tienen la oportunidad de expresar sus talentos por ser malinterpretados. En muchos casos inclusive no reciben todos los apoyos que les corresponden, puesto que cuentan con buen desempeño académico y aparentan no presentar mayores dificultades. Estos son algunos de los principales motivos por los cuales un alto porcentaje de personas con SA sufren *bullying* y son victimizados tanto por sus pares, lo que les genera padecimiento y resulta un factor de vulnerabilidad para el desarrollo de problemáticas asociadas como la ansiedad y la depresión. Es impresionante el cambio positivo que suele operarse en los compañeros y docentes, y en el entorno social del niño con SA, cuando se da a conocer el diagnóstico y se psicoeduca a los pares al respecto.

A continuación, se transcribe el texto de una viñeta testimonial de una persona con TEA, que relata su experiencia de haber sido blanco de *bullying*. La traducción al español proviene del libro de texto de la IA-CAPAP, una organización internacional de psiquiatría infantil que se propone la formación de psiquiatras y la difusión de los trastornos psiquiátricos en todo el mundo para su detección precoz:

"No tengo amigos. El acoso escolar comenzó en el preescolar cuando me pusieron anteojos. La maestra hizo que un niño popular usara anteojos falsos para que yo tuviera alguien con quien conectarme, pero al final resultó que no quería hablar de por qué el *Archaeopteryx* debería clasificarse como un pájaro o dinosaurio prehistórico. No hace falta decir que esa amistad duró menos de un día. Ya me he acostumbrado a que los niños me digan que me vaya, que me siente en otro lugar. Nunca me llaman los fines de semana. Simplemente no entiendo las 'pistas' sociales que otras personas utilizan. Entonces, si estoy hablando con alguien en clase y él dice: 'Hombre, ¿ya es la una?', miro el reloj y le digo que sí, que ya es la una, cuando en realidad está tratando de encontrar una manera educada de alejarse de mí. No entiendo por qué la gente nunca dice lo que (de verdad) quiere decir... Para mí, estar en situaciones sociales, ya sea en la escuela, en la cena de Acción de Gracias o en la cola del cine, es como mudarse a Lituania cuando no has estudiado lituano".

Picoult, Judi (2010). *House Rules*. New York: Atria Books.

Para tener más ejemplos que permitan comprender el mundo autista se invita al lector a leer el libro de Marc Haddon (2003) *The Curious Incident of the Dog in the Night-Time*. London: Jonathan Cape / Random House, traducido al español como *El curioso incidente del perro a medianoche*, publicado por el sello Salamandra.

Una de las principales consecuencias del acoso son los perjuicios tanto a nivel cognitivo como socioemocional: problemas en el aprendizaje, el miedo o fobia a ir a la escuela e incluso el abandono del sistema educativo. Se acentúan los problemas de aprendizaje que las personas con TEA experimentan y disminuye el rendimiento escolar.

En el área social, observamos cómo con el acoso disminuyen las relaciones y aumenta el aislamiento y la dificultad para hacer amigos. El niño va abrigando tristeza y enojo en su corazón, y su percepción termina siendo la de un mundo hostil para él. El acoso en las personas con TEA socava así aún más sus dificultades sociales y limita todavía más su participación en la escuela. La falta de apoyo social no solo es causa, también es la consecuencia de ser acosado.

A su vez, conlleva montos más elevados de malestar emocional. La victimización escolar aumenta el riesgo de trastornos emocionales y problemas de salud mental a lo largo del tiempo. Es una de las mayores fuentes de ansiedad, de depresión, autoestima más baja, estrés postraumático, ideación paranoide e ideación y conducta suicida con impacto desde la niñez hasta la vida adulta. Las consecuencias del acoso en la población con TEA son similares a las que tiene en los alumnos con desarrollo típico, pero la diferencia es que los efectos son más graves y más duraderos en el primer caso.

Las dificultades sociales que conlleva tener SA muchas veces pasan inadvertidas, y hasta que no se blanquea el diagnostico, se psicoeduca a los pares y se interviene específicamente en esta grave problemática, el acoso se sostiene y continúa ocasionando daños severos a largo plazo, con cada vez menos posibilidades de revertir problemáticas como la ansiedad, la depresión, la hostilidad y la agresividad, los cambios en la personalidad y el aislamiento extremo.

Cómo intervenir frente al *bullying*

La intervención frente al *bullying* tiene como propósito permitirles a los niños que participaron de la situación expresar sus vivencias y sentimientos, así como ofrecerles herramientas para moverse de la posición que ocuparon en esas situaciones, ya sea el lugar de víctima, testigo o agresor. Asimismo, procurarles alternativas no violentas de convivencia, negociación y solución de conflictos. Esta intervención tiene como objetivos fortalecer la autoestima, desarrollar la asertividad (en las víctimas y testigos) y fomentar la empatía (en agresores y agresoras). Atravesando estos tres ejes, se encuentra el trabajo para asumir la responsabilidad, el desarrollo de las habilidades psicosociales y la desnaturalización de la violencia.

También es necesario trabajar con las familias para que la estrategia de intervención pueda ser integral, para reforzar las herramientas adquiridas, y para desarrollar en sus hijos y en ellos mismos una serie de habilidades psicosociales, como el fomento de la autoestima, el manejo de emociones y la resolución creativa de conflictos.

Se participa a los padres de los niños habilitando un espacio de reflexión sobre su papel en la educación de sus hijos e hijas, sobre la violencia que quizás exista también en el hogar y sobre las prácticas de cuidado y crianza que favorecen la protección de las chicas y los chicos.

Los hermanos de los niños con SA

Tener uno o más hermanos facilita ciertos aprendizajes, enriquece el juego, favorece la práctica de interacciones y ayuda a comprender tempranamente valores como compartir y colaborar. Cuando uno de los hermanos en una familia tiene SA la experiencia puede ser distinta, pero será función fundamentalmente de los padres enseñar que puede ser igualmente gratificante, que distinto no necesariamente quiere decir malo. Para ello es importante informar a los niños sobre las dificultades que tiene su hermano con un lenguaje claro, adecuado a su edad y con una actitud positiva. Si los padres le ofrecen esta mirada, y actúan en la misma dirección, es más probable que el niño también lo vea así y que el vínculo se construya desde el amor y no a partir de la dificultad. Esto no quiere decir que los hermanos no experimenten emociones de las "feas" y muchas veces hasta emociones encontradas frente a su hermano y su dificultad. Es común que en algunos momentos los hermanos sientan enojo, tristeza, celos, bronca e inclusive vergüenza. Después de todo, su hermano con TEA se está llevando la mayor parte de la atención de los padres por su misma problemática que los preocupa tanto. Por eso, es importante, además, hacer ver a los padres que los hermanos necesitan también un espacio propio y no sobreadaptarse tampoco ni reprimir sus emociones o necesidades insatisfechas "para no molestar". Ellos necesitarán aprender a gestionar sus emociones y aquí los padres jugarán un rol muy importante escuchándolos, validando sus emociones, enseñándoles que está bien sentir lo que sienten, ofreciéndoles contención y tiempo para estar a solas y hacer actividades placenteras con ellos. También es fundamental enseñarles a resolver conflictos (ya que ellos, más que otros niños, deberán enfrentar, por ejemplo, situaciones en donde tendrán que defender a sus hermanos frente a dificultades sociales) y a afrontar situaciones incómodas (por ejemplo, cuando frente a la singular entonación del hermano le pregunten si es de otro país). Los hermanos de niños con Asperger recorrerán junto con sus padres el camino de la aceptación, aprendiendo y valorando la diversidad.

Bibliografía

Baetti, S. L.; Matos, Á.; Prieto, M. B. (2019). *Ansiedad, TOC y conductas problemáticas en autismo*. Buenos Aires: Paidós.Caballo, V. (2007). *Manual de evaluación y entrenamiento de habilidades sociales*. Madrid: Siglo XXI, cap. 1.

Ghaziuddin, M.; Gerstein, L. (1996). "Pedantic Speaking Style Differentiates Asperger Syndrome from High-Functioning Autism". *Journal of Autism and Developmental Disorders*, 26 (6): 585-595. Disponible en: https://deepblue.lib.umich.edu/handle/2027.42/44615.

Kaminsky, L.; Dewey, D. (2001). "Sibling Relationships of Children with Autism". *Journal of Autism and Developmental Disorders*, (31) 4: 399-410.

Morgan, L; Hooker, J. L.; Sparapani, N. et al. (2018). "Cluster Randomized Trial of the Classroom SCERTS Intervention for Elementary Students with Autism Spectrum Disorder". *Journal of Consulting and Clinical Psychology*, 86 (7): 631.

Sterzing, P. R.; Shattuck, P. T.; Narendorf, S. C. et al. (2012). "Bullying Involvement and Autism Spectrum Disorders. Prevalence and Correlates of Bullying Involvement Among Adolescents with an Autism Spectrum Disorder". *Arch Pediatr Adolesc Med*, 166 (11): 1058-1064.

Szalavitz, N. (2012). "Why Autistic Kids Make Easy Targets for School Bullies". *Time.* Disponible en: https://healthland.time.com/2012/09/05/why-autistic-kids-make-easy-targets-for-school-bullies/.

Tasca, L. (2020). "¿Quién es quién?", un conmovedor video que sirve para hablar de inclusión: https://eligeeducar.cl/ideas-para-el-aula/quien-quien-conmovedor-video-sirve-hablar-inclusion/.

12

TECNOLOGÍA:
¿SÍ O NO?
¿CUÁNTO?

por LUCILA ECHENIQUE

Hace varios años que la tecnología está inmersa en nuestras vidas cotidianas de forma explícita e implícita; muchas de nuestras acciones diarias están intervenidas por objetos y funciones que provienen de la tecnología.

En el campo clínico del autismo se han comenzado a incorporar los tratamientos de a poco, pero logrando avances importantes.

En 2012, en Valencia, ocurrió el primer Encuentro Internacional sobre Tecnologías Innovadoras para el Trastorno del Espectro del Autismo (ITASD) organizado por Fundación Orange.

Aquí, en Argentina, hemos realizado en cuatro oportunidades (2012, 2015, 2016 y 2017) la Jornada TEC-TEA, en la que se recibió a exponentes españoles y nacionales sobre el tema. Fue organizado por Grupo Cidep en Buenos Aires y en la provincia de Santiago del Estero.

Desde ese entonces, las cosas han ido cambiando. Al comenzar a incorporar la tecnología en los tratamientos se generó una gran motivación; se trataba de propuestas novedosas que encontraban el trabajo terapéutico altamente atractivo para chicos y chicas con desafíos en el desarrollo. Comenzamos usando computadoras y algunos terapeutas trabajamos con tabletas. La motivación, la posibilidad de incluir lo táctil de las tabletas y la capacidad de configuración hicieron que muchos pacientes con TEA pudieran conocer otra forma diferente de aprender o de ejercitar lo aprendido.

Pudimos trabajar la atención con apps de causa y efecto, apps creadas específicamente para personas con autismo o genéricas de personajes que a muchos les gustan (Pocoyo, Peppa Pig, etc.). También han servido las apps musicales y con efectos luminosos. Los niños y niñas tocan la pantalla y hay una consecuencia inmediata. Asimismo, se ha trabajado la lectoescritura en la computadora. Se les ha dicho que pidan lo que quieran y han ejercitado diferentes funciones ejecutivas en distintos niveles de complejidad; también el lenguaje y muchos otros objetivos más, con el plus de lo motivante que resultaba hacerlo a través de algo novedoso como las tabletas.

En la actualidad, estas herramientas ya no funcionan como una novedad, ya que en muchos casos se accede más fácilmente a un celular o a una tableta que en aquel tiempo. Esta realidad nos lleva a los terapeutas que trabajamos con SA a un desafío mayor; debemos investigar, proponer novedades y dispositivos que acompañen los procesos de exploración, aprendizaje y creatividad. Debemos buscar a diario formas diferentes y funcionales de convocar a nuestros pacientes para así obtener los mejores resultados. La tecnología suele ser beneficiosa en este aspecto y coincide muchas veces con los intereses de nuestros pacientes.

Podemos pensar el uso de tecnología como una propuesta terapéutica diferente, pero debemos saber que también es un derecho: el artículo 21 de la Convención internacional de los derechos de las personas con discapacidad explicita la libertad de expresión y de opinión y de acceso a la información. Entonces, si la tecnología funciona como un puente para poder expresar o acceder a información, se convierte en un derecho que debe ser respetado y asegurado por los cuidadores. Esto fue señalado por Lupe Montero, en TECTEA 2016, como *accesibilidad cognitiva*.

Luego de esta introducción, podemos comenzar a describir los dispositivos con los que contamos. La oferta de tecnología va sumando opciones a diario; podemos utilizar en los tratamientos PC, *notebooks*, tabletas, celulares. Pero también contamos con otros dispositivos, quizás menos conocidos, que pueden ser usados en las intervenciones: *smarthwatches* (relojes inteligentes), Apple TV o Chromecast (permiten transmitir celulares, tabletas o PC a la TV) y gafas de realidad virtual. Esta lista de dispositivos incluye los más accesibles y de bajo costo.

Algunos ejemplos: se puede usar el Word o alguna aplicación para trabajar lectoescritura, YouTube para ver videos de emociones y reconocerlas, luego sacar fotos con la cámara frontal de la tableta y practicar expresiones. También, ver alguna película/serie y luego escribir la síntesis o un análisis, o al revés, escribir una historia y filmarla. Debemos poder aprovechar el uso de redes sociales, *blogs*, *software* específico para trabajar, enseñar y/o potenciar algún talento personal, como puede ser la edición, el dibujo, el diseño, la fotografía.

Podemos explicar cosas nuevas en un PowerPoint transmitido a una pantalla grande, ver a través de realidad virtual lugares nuevos o historias que después deberán relatar, contar con un reloj inteligente que pueda medir pulsaciones y enviar un alerta al cuidador cuando aumenten, y de esta manera evitar una crisis de ansiedad. Estas son algunas de las formas de incorporar la tecnología con creatividad en la vida de las personas con TEA.

En la práctica clínica nos encontramos con muchos prejuicios a la hora de sugerir el uso de tecnología en niños y hay debates sobre el tiempo de exposición para cada grupo de edad de los niños y niñas. La incorporación de la tecnología como parte de la intervención terapéutica deberá contemplar muchos aspectos, especialmente el factor ecológico de nuestro paciente. Debemos tener en cuenta si ya tiene acceso o no, cuál es la intención y el conocimiento de sus cuidadores sobre el uso que haremos, y analizar las características sensoriales, motrices y el perfil cognitivo de nuestro paciente a la hora de proponer el dispositivo. Este análisis previo nos evitará posibles frustraciones y decepciones, como ocurre con todos los materiales con los que trabajamos.

La mayor dificultad hoy la encontramos en la falta de regulación en la cantidad de tiempo expuesto a las pantallas. Ante estas situaciones debemos tener en cuenta varios aspectos antes de restringir su uso.

Debemos conversar con la familia y conocer cuáles son las oportunidades que se le están ofreciendo al niño, niña o joven a cambio de hacer lo que lo tiene tan motivado. La oferta de oportunidades deberá ser externa (muchas veces se espera que el mismo niño, niña o joven encuentre la opción, lo cual es muy difícil y genera mucha frustración a todos) y deberá competir motivacionalmente con lo que se busca disminuir. Algunas veces se pretende que la persona acepte dejar de jugar con la consola para ir a bañarse, por ejemplo. Seguramente ese objetivo sea mucho más difícil de cumplir si lo que se le ofrece es ir a dar un paseo o hacer alguna otra cosa que disfruta; esto es válido para cualquier actividad y cualquier persona.

También debemos conocer cuál es el objetivo de su uso y aprovecharlo para volverlo funcional, aunque sea una actividad de ocio, que sea funcional y no resulte algo compulsivo o estereotipado. Siempre encontraremos cómo intervenir si conocemos perfectamente las actividades y gustos de nuestros pacientes.

Podemos conocer a sus *youtubers* favoritos, ver sus series, compartir y conversar sobre eso. Utilizar sus intereses para programar nuestros objetivos de trabajo.

Asimismo, las herramientas que utilizamos para la modificación de conductas disruptivas nos van a ayudar justamente a modificar las conductas que debemos encauzar. El uso de horarios, cronogramas, *timers* o temporizadores, premios, etc., servirán para organizar las actividades y que la persona con SA comprenda de qué se trata la restricción.

Dos de las características del síndrome de Asperger son la dificultad en el registro del tiempo y el hiperfoco, que generan una falta de autocontrol que en algunos casos se espera de ellos. Seguramente podrán lograrlo con las intervenciones adecuadas que los ayuden a conseguirlo.

Es el terapeuta capacitado en SA quien da herramientas a la familia para manejar situaciones fuera de las sesiones y quien debe utilizar de forma responsable la herramienta, en este caso la tecnología, que lleve a consolidar habilidades o aprendizajes que estén programados para nuestro paciente en su planificación individualizada.

Se debe ofrecer información y capacitación a una o varias personas cercanas y presentes en el tratamiento, para que este pueda continuar aun cuando no estén los terapeutas. Este concepto es el del rol del facilitador. Será quien utilice con nuestro paciente los dispositivos que le enseñemos.

Una de las grandes dificultades y objetivos de trabajo con las personas con síndrome de Asperger son las dificultades en la comunicación social. Muchos jóvenes y adultos con SA ocupan mucho tiempo de su día en la red: participan de foros, de grupos, conocen personas con intereses similares, ven videos en YouTube (actividades más comunes). Generar este tipo de interacción fuera de la red suele ser difícil para ellos; se trata de personas que tienen grandes conocimientos sobre temas específicos y no encuentran el espacio donde compartirlo sin que se transforme en un monólogo sin reciprocidad, y lo que ello conlleva.

La comunicación mediada por los dispositivos permite, a su vez, poder relacionarse sin tener que exponerse personalmente, con toda la ansiedad que suele acompañar el encuentro social para las personas con SA. La posibilidad de demora en las respuestas permite recibir ayuda, realizar una evaluación y guiones sociales que sean efectivos para lograr los objetivos que se buscan.

En las oportunidades en las que el encuentro se concretó más allá de lo virtual, en las experiencias que pude observar, de poder verse personalmente luego de iniciar o mantener *online* un vínculo, se observó mayor confianza y anticipación sobre la otra persona, sus gustos y sus temas de conversación, los cuales, en este caso, ya no son una sorpresa para la persona con SA. El guion de la conversación ya tiene una base que pudo ser anticipada. Inclusive en grupos de habilidades sociales, lo que ocurre en WhatsApp durante la semana sirve para generar conversaciones el día del encuentro personal, todo lo cual facilita la espontaneidad y una conversación con menos ayuda.

Esta exposición virtual también tiene asociado los riesgos que existen al relacionarse en las redes. Por este motivo, es importante trabajar como objetivo la prevención de situaciones peligrosas para nuestros pacientes sin importar la edad o el género. Las personas con SA son vulnerables al *cyberbullying*, al *grooming*, al *sexting*. Para poder prevenirlo debemos conocer de qué se trata cada uno y cómo intervenir en casos en que suceda. Recomiendo una guía de acceso gratuito compilada por Lupe Montero para profesionales y para personas con TEA (citada en la bibliografía).

Además del área de la comunicación y las habilidades sociales, estamos pensando en un tiempo de ocio funcional, que también es un derecho de los niños y jóvenes. Nadie desea lo que aún no conoce, con esto explico que algunas veces somos los terapeutas los encargados de ofrecer opciones novedosas a las que quizás no han accedido y no accederían si no fueran propuestas por otra persona. Por ejemplo, los videojuegos generan posibilidades de encuentro con pares, pero algunas veces la torpeza motriz que se asocia al SA limita la participación en actividades deportivas grupales en nuestros pacientes, situación que en algunos casos facilita el encuentro con pares.

Enseñar como habilidad el uso de consolas de videojuegos puede ser una puerta a la pertenencia de un grupo. Más allá de las habilidades que se ejercitan a partir de jugar, se puede ejercitar la planificación, la estrategia, la toma de decisiones en tiempo real, la toma de turnos y las habilidades sociales asociadas a ganar y perder con esta herramienta.

El acceso a la tecnología nos permite a todos resolver, planificar y comunicarnos a diario. Ya casi de forma automática utilizamos el celular o la computadora para realizar diferentes procesos individuales o sociales.

Eso nos hace personas que elegimos, que decidimos sobre nuestras acciones y somos autónomas en lugares conocidos y desconocidos.

Entre los niños, jóvenes y adultos se comparten ciertos "códigos comunes tecnológicos" que hacen que al conocerlos sea más simple comunicarnos aun con desconocidos o en lugares poco frecuentes.

Cuando la persona con TEA tiene que ser autónoma y quiere serlo, frecuentemente se encuentra con situaciones donde su déficit en las funciones ejecutivas le dificulta manejarse de forma satisfactoria. La frustración y la inseguridad, con frecuencia, generan una dependencia de sus cuidadores, que suele ir en el camino opuesto al de la autodeterminación.

¿Pueden las tecnologías servir de apoyo a las personas con TEA ante estas dificultades en las funciones ejecutivas que afectarían su calidad de vida?

Seguramente colaboren para que esto sea posible, servirán de apoyo para lograrlo, por eso es importante que las conozcan y que aprendan a usarlas, y como profesionales a cargo de esos apoyos, debemos poder ofrecerlas y formarnos para poder enseñar su uso adecuado.

En su libro *El cerebro autista*, Temple Grandin (2014) describe que esta generación, la generación de la tableta, es afortunada, ya que, al ser un dispositivo utilizado por mucha gente, pasa inadvertido. Encontramos en la tecnología una herramienta con mucho potencial y que es compartida en sociedad. La elección de aprovecharla o no deberá provenir de la persona que la vaya a usar, sea por gusto o por oportunidad de acceso, y no por falta de conocimiento.

Para terminar, elijo una cita de un colega español, Luis P. de la Maza: "Ante un espectro del autismo, debemos ofrecer un espectro de respuestas; un espectro de recursos".

Bibliografía

GRANDIN, T. (2014). *El cerebro autista. El poder de una mente distinta.* Barcelona: RBA.

UAM (2017). Curso *Apps móviles y otras tecnologías para personas con TEA.*

UAM (2017). Curso *Aplicaciones y otras tecnologías para autismo.*

MONTERO, G. (2019). *Guía para el profesorado. Uso responsable y seguro de las TIC en alumnado con trastorno del espectro del autismo.* España: Confederación Autismo España.

13.
USO DE MEDICAMENTOS EN LOS TRASTORNOS DEL ESPECTRO AUTISTA

por MARÍA SUSANA MOSQUERA

Existen actualmente tratamientos ya aprobados para tratar los síntomas conductuales y afectivos asociados a esta condición, además de algunos síntomas cardinales, inherentes al diagnóstico de síndrome de Asperger, como las conductas repetitivas y otros que se encuentran en fase de investigación.

Las medicaciones no son curativas, sino sintomáticas. Algunas de ellas se utilizan para proporcionar alivio parcial a los síntomas cardinales de autismo.

No todos los tratamientos, como se explicó en otro capítulo, tienen el mismo nivel de evidencia científica. Sucede lo mismo para los tratamientos farmacológicos.

La evidencia más fuerte y, por ende, el apoyo científico más contundente para la prescripción, lo tienen los antipsicóticos atípicos risperidona y aripiprazol para el tratamiento de la irritabilidad. Pero estos no son los únicos síntomas a tratar en estos pacientes.

También merecen esfuerzos terapéuticos la disatención, la hiperactividad, los trastornos del humor y la agresividad. Alrededor de un 50% de los niños con esta condición recibe psicoestimulantes (por ejemplo: metilfenidato), antiepilépticos (por ejemplo: ácido valproico) y antipsicóticos (por ejemplo: risperidona, aripiprazol) para el tratamiento de dichos síntomas. Si padecen convulsiones, tienen indicado tratamiento adicional.

Un estudio de 2017 encontró una disminución de la ansiedad relacionada con la concurrencia a la escuela y la depresión y el uso de metilfenidato, que se mostró seguro, tolerable y efectivo en los pacientes con síndrome de Asperger y TDAH.

Los niños con trastornos del espectro autista, incluyendo a los niños con síndrome de Asperger, como hemos dicho, presentan un amplio rango de problemas conductuales, incluyendo hiperactividad, impulsividad, rabietas, agresiones y autoinjurias en varias combinaciones. Estos problemas conductuales pueden socavar los esfuerzos educaciones e influenciar adversamente la vida diaria de estos niños y de sus familias. Para tratar estos problemas, las medicaciones psicotrópicas son parte del plan de tratamiento.

Un estudio publicado, en 2012, en la revista de la Academia Americana de Psiquiatría Infantil y Adolescente, halló que la combinación de medicación y entrenamiento parental fue mejor que la medicación sola en la mayoría de los aspectos estudiados. Los fármacos utilizados fueron dos antipsicóticos atípicos aprobados por la FDA (Administración Federal de Drogas y Alimentos de USA) para el tratamiento de rabietas, agresiones y autoinjurias en niños con CEA. Estas medicaciones son la risperidona y el aripiprazol.

La medicación más el entrenamiento parental promovió mayor reducción de conductas desobedientes y disruptivas, y esto, a lo largo del tiempo, llevó a un mejor funcionamiento adaptativo. Los cambios positivos observados repercutieron en la socialización, la motivación social (mostrar interés en actividades de otros), el cumplimiento de los tiempos asignados por los cuidadores para las tareas a realizar, el seguimiento de instrucciones, la comunicación funcional (enviar un mensaje) y el control del enojo y el resentimiento cuando se les negaba a estos niños hacer las cosas a su manera.

La medicación más el entrenamiento parental también permitiría disminuir las dosis de los medicamentos.

Como reflexión acerca de la mejoría obtenida con uno de los fármacos, el aripiprazol, en el estudio citado en el párrafo anterior vale decir que este puede mejorar la ansiedad y la depresión en la esquizofrenia, y se hipotetiza que, al disminuir estos síntomas, el niño tiene mayor capacidad y/o interés en interactuar con otros. Asimismo, el decremento de la irritabilidad permite una mejor conducta adaptativa.

El aripiprazol y la risperidona mejoran las conductas repetitivas, de la misma manera en que lo hacen en el trastorno obsesivo-compulsivo.

Un estudio de 2017 encontró una disminución de la ansiedad relacionada con la concurrencia a la escuela y la depresión y el uso de metilfenidato, que se mostró seguro, tolerable y efectivo en los pacientes con síndrome de Asperger y TDAH.

Los inhibidores selectivos de la recaptación de la serotonina son fármacos muy utilizados como antidepresivos y para el tratamiento de los trastornos de ansiedad y el trastorno obsesivo-compulsivo. Entre ellos se cuentan el escitalopram, el citalopram, la fluoxetina y la sertralina. Esta última fue aprobada para su uso en los inhibidores del TOC entre los 6 y los 17 años. Debido a las similitudes entre el TOC y los TEA, se la utilizó para tratar conductas repetitivas, con magros resultados. La fluoxetina se aprobó para su uso en trastornos depresivos a partir de los 8 años. Hay estudios que demuestran alguna eficacia para tratar conductas autoagresivas, hiperactividad, irritabilidad e impulsividad. Sin embargo, como los inhibidores selectivos de la recaptación de serotonina pueden producir activación y agitación, hay que ser muy cautelosos en su uso. Su principal indicación es la presencia de trastornos de ansiedad y de trastornos depresivos comórbidos con los TEA.

Los trastornos del sueño son comunes en el síndrome de Asperger, especialmente el insomnio crónico. La melatonina probó ser eficaz tanto para mejorar el sueño como para producir cambios positivos en la conducta de estos niños.

Muchos esfuerzos se dedicaron para encontrar moléculas que mejoraran la conducta social, la comunicación interpersonal y la empatía, pero para estos efectos no hay aún resultados concluyentes. Las terapias hormonales con oxitocina o antagonistas del receptor de la vasopresina son promisorias para mejorar estos síntomas cardinales. La oxitocina afecta la función sociocomunicativa, y se demostró que la administración intranasal de esta hormona mejora el problema que tienen los individuos con autismo para realizar contacto ocular apropiadamente y también promueve el reconocimiento de las emociones faciales, la memoria para caras. Por ende, tiene un efecto terapéutico en estos aspectos claves de la comunicación social. También poseería un efecto ansiolítico, de reducción del miedo, frente a rostros temerosos, y aumentaría la actividad de la amígdala frente a rostros felices. Esto promovería conductas de acercamiento y extraversión. El interés del uso de la oxitocina yace en el hecho de que actuaría sobre una causa propuesta para el síndrome de Asperger y no solo sobre síntomas. Sin embargo, no se han establecido la efectividad y los riesgos a largo plazo que este tratamiento pudiera ocasionar. Dentro de los posibles efectos adversos se encuentra la amnesia.

Un párrafo aparte merece el tratamiento con cannabis medicinal, tan en boga en los últimos tiempos. Todo comenzó cuando un grupo de padres de niños con autismo severo, después de ver la mejoría de los síntomas de ansiedad, agresión, pánico, rabietas y conductas autolesivas en niños con epilepsia, comenzaron a buscar alivio para los síntomas de sus hijos en el cannabis medicinal.

Hay varios estudios que indican su posible utilidad para algunos aspectos precisos de los trastornos del espectro autista. Uno de ellos, realizado en Israel, con 188 sujetos, desde menores de 5 hasta 18 años (media 12,9 años), mostró que, después de 6 meses de tratamiento, más del 80% de los pacientes experimentaron efectos positivos; el 30% tuvieron una mejoría significativa, el 50% una mejoría moderada, el 6% una mejoría leve, y en el 8% no se evidenciaron cambios. Los síntomas evaluados, que en líneas generales mejoraron, pero no desaparecieron, fueron inquietud, ataques de ira, agitación, problemas de sueño, ansiedad, tics y síntomas depresivos. Los efectos adversos, que aparecieron en aproximadamente un 25% de los pacientes, fueron generalmente leves y consistieron en inquietud, somnolencia, aumento del apetito, problemas digestivos, boca seca y disminución del apetito.

Por todo lo dicho anteriormente, el tratamiento con cannabis para los pacientes con trastornos del espectro autista es bien tolerado, seguro y aparentemente efectivo para paliar los síntomas anteriormente mencionados.

El cannabis que suele utilizarse es una mezcla de tetrahidrocannabinol y cannabidiol en una proporción de 1:20. Algunos discuten si otros componentes hallados en la planta de cannabis sativa, como los terpenos, podrían tener un efecto "séquito" y contribuir a la efectividad de los cannabinoides.

En otros estudios se encontró que el cannabidiol puede facilitar el procesamiento de la información social, mejorar el reconocimiento de las emociones, fortalecer las interacciones sociales, reducir las conductas repetitivas y mejorar el contacto ocular. Esto lo haría aumentando la liberación de oxitocina y vasopresina durante las actividades que involucran interacción social. En el estudio israelí citado, se observó una mejoría de los síntomas conductuales. Este hallazgo está relacionado con la demostración de propiedades ansiolíticas del cannabidiol y con los efectos de esta sustancia sobre áreas del cerebro involucradas en el procesamiento emocional (cerebro emocional o sistema límbico).

Por último, cabe agregar que, debido a que los hijos de padres que buscan tratamiento con cannabis pueden no constituir una muestra representativa (sesgo de autoselección) y a que el estudio se basó en un autorreporte subjetivo de los padres de los pacientes y no en el reporte de los propios pacientes, las respuestas pueden estar sesgadas por la opinión de los padres acerca del tratamiento. Más aún, incluso aunque el efecto del cannabis se evaluó a los 6 meses, la posibilidad de expectativas "infladas" acerca del nuevo tratamiento milagroso puede sesgar la evaluación realizada por los padres del efecto del cannabis sobre los síntomas de sus hijos. Sin embargo, el alto cumplimiento del tratamiento provee una buena evidencia de la satisfacción de pacientes y padres con este.

Los estudios disponibles no permiten recomendar el tratamiento con hierbas (plantas medicinales, medicina herbaria, plantas curativas) como complementario a los fármacos anteriormente mencionados.

Por último, contextualicemos el tratamiento farmacológico, que de ningún modo puede cambiar la personalidad de un ser humano (y este es un miedo muy frecuente entre padres y pacientes) y tampoco dar un alivio definitivo a muchos síntomas. Sin embargo, hay lugar para que el fármaco actúe, no es un recurso a olvidar.

La difícil tarea del psiquiatra consiste en utilizar las herramientas que brindan las ciencias médicas y la bioquímica para ayudar al alivio del dolor psíquico. Una máxima que usaba el médico Adolphe Gubler, quien, a su vez, la había aprendido del médico y fisiólogo Claude Bernard, resume el quehacer del médico: "curar a veces, aliviar frecuentemente, consolar siempre".

Bibliografía

Auyeung, B.; Lombardo, M. V.; Baron-Cohen, S. (2015). "Oxytocin Increases Eye Contact During a Real-time, Naturalistic Social Interaction in Males with and without Autism". *Translational Psychiatry,* Feb, 5: e507. DOI: https://doi.org/10.1038/tp.2014.146.

Bar-Lev Schleider, L.; Mechoulam, R. (2019). "Real life Experience of Medical Cannabis Treatment in Autism: Analysis of Safety and Efficacy". *Scientific Reports,* (9): 200. DOI: https://doi.org/10.1038/s41598-018-37570-y.

Canitano, R. (2015). "Mood Stabilizers in Children and Adolescents with Autism Spectrum Disorders". *Clin Neuropharmacol,* Sept-Oct, 38 (5): 177-82.

Domes, G.; Kumbier, E. (2014). "Oxytocin Promotes Facial Emotion Recognition and Amygdala Reactivity in Adults with Asperger Syndrome". *Neuropsychopharmacology,* Feb, 39 (3): 698-706.

Gasparotto, F. M.; Dos Reis Lívero, F. A. (2018). "Herbal Medicine as an Alternative Treatment in Autism Spectrum Disorder: A Systematic Review". *Current Drug Metab,* 19 (5): 454-459.

Golubchik, P.; Rapaport, M. (2017). "The Effect of Methylphenidate on Anxiety and Depression Symptoms in Patients with Asperger Syndrome and Comorbid Attention Deficit/Hyperactivity Disorder". *Int Clin Psychopharmacol,* Sept, 32 (5): 289-293.

Kolevzon, A.; Mathewson, K. A. (2006). "Selective Serotonin Reuptake Inhibitors in Autism: A Review of Efficacy and Tolerability". *J Clin Psychiatry,* Mar, 67 (3): 407-14.

Paavonen, E.; Nieminen-von Wendt, T. et al. (2003). "Effectiveness of Melatonin in the Treatment of Sleep Disturbances in Children with Asperger Disorder". *J Child Adolesc Psychopharmacol,* 13 (1): 83-95.

Potter, L. A.; Scholze, D. A. (2019). "A Randomized Controlled Trial of Sertraline in Young Children with Autism Spectrum Disorders". *Front Psychiatry,* Nov 6, 10: 810. DOI: https://dx.doi.org/10.3389%2Ffpsyt.2019.00810.

Rossignol, D.; Frye, D. (2011). "Melatonin in Autism Spectrum Disorders: A Systematic Review and Meta-Analysis". *Dev Med Child Neurol,* Sept, 53 (9): 783-792.

Scahill, L.; McDougle, C. et al. (2012). "Effects of Risperidone and Parent Training on Adaptive Functioning in Children with Pervasive Developmental Disorders and Serious Behavioral Problems". *JAACAP,* Feb, 51 (2): 136-146.

Sharma, S. R.; Gonda, X.; Tarazi, F. I. (2018). "Autism Spectrum Disorder: Classification, Diagnosis and Therapy". *Pharmacol Ther,* Oct, 190: 91-104. DOI: https://doi.org/10.1016/j.pharmthera.2018.05.007.

Seung Yup, L.; Ah Rah, L. et al. (2015). "Is Oxytocin Application for Autism Spectrum Disorder Evidence-Based?". *Exp Neurobiol,* Dec, 24 (4): 312-324.

Stigler, K.; Diener, J. (2009). "Aripiprazole in Pervasive Developmental Disorder Not Otherwise Specified and Asperger's Disorder: a 14-Week, Prospective, Open-Label Study". *JAACAP,* Jun, 19 (3): 265-373.

14

TESTIMONIOS DE PADRES

por MARÍA EUGENIA PIÑOL Y ALEJANDRO MASIP

Testimonio de María Eugenia Piñol

No sé cómo empezar…

Pasaron tantos años ya, casi 18, desde que empezamos este largo camino.

Me llamo María Eugenia, soy la mamá de Joaquín.

Como toda madre primeriza, no sabía nada de nada. No sabía lo que estaba bien y lo que estaba mal en el crecimiento de un hijo. Pero había cosas que, aunque era una ignorante en la materia, me hacían ruido.

Comenzó todo en el año 2006, Joaco tenía apenas 4 años, con un informe del colegio no muy esperanzador para un niño común. Ahí caímos en la realidad de que iba a ser un largo trabajo, ya que no sabíamos cómo empezar. Estoy diciendo que fue hace muchos años, cuando todos decían "paciencia, tiene otros tiempos, ya va a cambiar".

Su único juego, trenes, subtes y colectivos. Solo eso y todo era eso. Pasamos por distintas psicólogas y psicopedagogas. Y nos decían lo mismo. Tiempo.

Pasaban los meses y seguía todo igual o peor. Seguía caminando en puntas de pie, sin amigos y con su único interés restringido, repetitivo y estereotipado. Empecé a leer mucho y a averiguar qué podría ser con las características que él presentaba. Ahí la pediatra me dijo: "Joaco tiene algo de TEA". En ese entonces me contacté con profesionales que tenían bastante claro lo que era el TEA, algo que para mí era totalmente desconocido.

Teniendo ya el diagnóstico de síndrome de Asperger fue todo más fácil. Conocimos la Asociación Asperger Argentina, empezamos yendo a reuniones, cursos y grupo de habilidades sociales.

Pero duró poco, ya que era los fines de semana y había veces que teníamos otros planes. La pediatra me recomendó una doctora experta en psiquiatría infantil, así que inmediatamente fuimos a verla. Empezar con ella nos ayudó muchísimo; a Joaco también. Al mismo tiempo empezó TCC con una psicóloga que también me habían comentado que era muy buena. Y así comenzó su primaria, viendo logros de a poquito. Joaco no iba a un colegio fácil, era bilingüe y doble jornada. Pero él iba y va feliz.

El colegio no sabía nada de su diagnóstico hasta que tuvimos que reunirnos con su grupo de terapeutas y directivos. Los nervios me mataban, tenía miedo a su respuesta. Si lo tenía que sacar se me caía el mundo, porque ese era su mundo desde que tenía 2 años.

La respuesta fue "vamos a acompañarlos y a capacitarnos", porque obviamente tampoco tenían idea del tema.

Transcurrió la primaria, con la carga extensa del cole y después las terapias. Era ir y venir todos los días a algo distinto. Aunque estuviésemos muy cansados seguíamos para adelante. Él era lo importante, él era el que tenía que aprender cosas que para nosotros, los neurotípicos, son naturales.

El momento era ese, hubo días muy malos y días buenos. Es fundamental el tratamiento desde chicos y sobre todo el acompañamiento de los padres. Nosotros también trabajamos y tenemos otro hijo, así que es muy duro.

Llego el momento de la secundaria. ¡Estábamos aterrados! ¿Podrá? ¿Será muy difícil?

¡Sí pudo! Con las terapias a full, ayuda de maestra particular y psicopedagoga. Hace 2 años que está con integración escolar, porque, como ya les conté, es un colegio muy difícil.

Pero ya está, ya se termina, ya se fue de viaje de egresados y próximamente será su graduación. Ya se anotó en el CBC para hacer medicina. Quién dice, capaz pueda también.

El acompañamiento de los padres y las terapias son fundamentales para poder. Y sobre todo el amor. Se los dice una madre.

El autismo en mi vida – Testimonio de Alejandro Masip

Guille fue un hijo muy buscado. Renata y yo empezamos en el año 2004 a indagar sobre distintas clínicas de fertilidad, acerca de qué era lo que nos impedía concebir a nuestro segundo hijo.

Luego de muchas idas y vueltas, entre posibilidades, distintos tratamientos y formas de acceso a estos, comenzamos a fines de 2005 un primer intento que nos sirvió de experiencia para tratar una segunda vez. Ya en 2006 el tratamiento resultó exitoso y en abril de 2007 nacía Guille, un bebé hermoso que, tan pronto gritó por primera vez, pareció haber dicho "mamá". Renata y yo no nos cansamos de ver el video de su cesárea y confirmar que fue así.

Entre 2007 y 2009, el desarrollo de Guille era como el de cualquier otro nene de su edad. Con un apetito incansable, Guille crecía y se desarrollaba al ritmo de otros nenes de su edad. Tomó la teta hasta los doce meses de edad y hasta los veinticuatro meses nunca nos preocupamos por otros temas, más que por disfrutar de su desarrollo y los celos normales de su hermana, quien sin embargo se convertía en una segunda mamá a sus 12 años.

A partir de los 24 meses, como Renata no trabajaba, decidimos que no empezaría el jardín maternal. Nos parecía, además, que era una separación innecesaria del seno familiar a esa edad.

Más o menos por entonces empezamos a notar algunos indicios que hoy en día claramente identificaríamos como signos del autismo, pero la ignorancia propia y ajena acerca de esta condición no nos permitió descubrirla. Ni Renata ni yo teníamos ningún conocimiento acerca de lo que hoy comienza a conocerse como "condición del espectro autista". Nuestra proximidad con el tema no pasaba de haber visto alguna vez la película *Rain Man*. Nuestro desconocimiento acerca del autismo no solo era grande, sino que estaba altamente sesgado por este preconcepto.

En segundo término, puedo manifestar que hubo muchos indicios, a los que nadie les prestó la debida atención, que nos indicaban que Guille estaba dentro del espectro. Entre ellos, me gustaría mencionar los más notorios en el caso de mi hijo, los cuales pueden resultar trillados para muchos especialistas, pero que creo útil mencionar en caso de que este artículo pueda ser leído por alguien que lo necesite:

◈ La falta de contacto visual directo y no solo esto, sino el hecho de evitarlo, de ser posible. La sensación de que tu hijo no quiere mirarte porque lo incomoda.

◈ El hecho de señalar los objetos con la mano extendida, en lugar de con el dedo índice.

◈ El saludo con la palma de la mano: en lugar de que esta estuviera mirando hacia la persona saludada, mirándolo hiciera hacia él.

◈ El corto período de gateo, que reemplazó por un desplazamiento lateral, deslizándose con la cola en el piso e impulsándose con una mano y una pierna.

◈ El hecho de empezar a alinear o apilar sus juguetes, en lugar de iniciar un juego más simbólico.

◈ Que entre los dos y tres años no desarrollara un lenguaje más allá de los básicos "mamá", "papá", "papa" y el nombre de su hermana. Que comenzara a repetir cantando, pero sin comprender su significado, las canciones de publicidades de la televisión o de los programas que le gustaban.

◈ La falta de comprensión de cómo relacionarse con pares de su edad a pesar de claramente querer hacerlo.

◈ La falta de sentido del peligro como, por ejemplo, la ausencia de miedo a alejarse de sus padres en lugares públicos como la plaza o la playa, de acercarse a un lugar peligroso o riesgoso, total ausencia de miedo a un perro que le ladraba y, por el contrario, interés por acercarse.

◈ Intereses o rechazos a cosas muy específicas, como ser asco o gusto muy marcado a ciertas comidas, interés o desinterés muy marcado hacia ciertos juguetes.

Más adelante, indicios como los anteriores me permitirían sugerirles acertadamente a otras personas que hicieran la consulta con un neurólogo, ya que sus hijos podrían estar dentro de la condición; entre otros, a mi mejor amigo y a una colega de trabajo.

Es importante para mí destacar la ignorancia sobre indicios como los anteriores, los cuales se fueron dando entre los 20 y 36 meses de vida de Guille. En todo este tiempo él fue atendido regularmente por dos pediatras con quienes compartimos sobre todo las preocupaciones por el atraso en el lenguaje o las dificultades para relacionarse, pero que durante las consultas que realizamos no les llamaban la atención. Es en este punto que me parece muy importante destacar que las escuelas de medicina, y sobre todo las de pediatría, deberían tener material o bolillas obligatorias sobre estos temas, dentro de las materias de grado y posgrado, respectivamente, o en los casos en que ya las tengan, la detección temprana debería reforzarse sobremanera.

Tampoco sus abuelos, familiares y amigos de la familia vieron estos indicios como un problema, sino como un tema de maduración más tardía e incluso como algo simpático o gracioso acerca de la particular personalidad de Guille.

En cambio, el *feedback* que recibíamos iba en este sentido:

"No se preocupen, chicos, cuando empiece el jardín este nene se larga a hablar por todo lo que no habló hasta ahora".

"Vos también empezaste a hablar tarde y no tenés ningún problema ahora".

"El nene de mi hermana tampoco hablaba hasta que un día se largó con todo".

"¡Qué forma particular que tiene de mirar! Se nota que va a ser muy inteligente".

"¡No le tiene miedo a nada!" o "Dejalo, si se da un golpe, que se haga hombre".

Todos estos comentarios —los resumiría como preconceptos sociales, falta de información y negación de los hechos— y nos despistaban como papás, acerca de que nuestro hijo estaba enfrentando un problema.

Cuando Guille entró en el jardín, lo que era simpático se transformó en un problema. Él estaba notoriamente atrasado en su lenguaje con relación a otros chicos de su edad. Además, no comprendía el juego en grupo ni el juego de roles, ni seguía las consignas.

Desde ese momento y hasta cuarto grado, el colegio siempre fue un problema serio. El ámbito educativo en general no está preparado para nuestros chicos. Al igual que en el caso de los pediatras, este ámbito está empezando a abrir las puertas del autismo sin muchas ganas de hacerlo. El sistema educativo argentino dista enormemente de ser un sistema inclusivo. Se jacta de ser diverso, pero el problema es que la diversidad es un hecho de la naturaleza; la inclusión, en cambio, demanda trabajo, y los equipos docentes y, por ende, las instituciones educativas están preparados para alumnos "estándar", no "únicos". Guille fue "invitado a salir" e incluso "expulsado" de tres colegios en ese período. Muchos colegios que se jactan de inclusivos nos cerraron la puerta, y la regla que descubrimos con mi esposa fue que cuanto más renombre tiene el colegio, menos interés en la inclusión real manifiesta. En todos los colegios bilingües a los que fuimos nos cerraron la puerta y puedo decir que visitamos más de treinta.

Al final, cuando parecía que Guille iba a tener que ser educado por una educadora especial, se abrió una puerta. Un colegio que realmente abraza la inclusión. Un lugar que no tiene todas las respuestas a los problemas, sino que más bien está abierto a poder crear las soluciones. De eso se trata la verdadera inclusión. No de tener respuestas o soluciones preconcebidas, sino de tener la cabeza abierta a trabajar por ellas. A trabajar por "buscarle la vuelta". A preguntarse qué estamos haciendo bien, qué podríamos mejorar y qué estamos haciendo mal, con una mentalidad abierta a cambiar lo que haga falta por el otro. Este año Guille termina el primario y comienza el secundario en el mismo colegio, y por eso estamos muy felices y con mucha fuerza para enfrentar los desafíos, pero, sobre todo, para que él aprenda a enfrentarlos y a ganar independencia.

Todo este camino tuvo un impacto en nuestras vidas como padres. Hace unos años lanzamos en Argentina el programa de inclusión laboral "Autism at Work", en la empresa donde trabajo. Este programa tiene varios objetivos, pero, sobre todo, ve al autismo como una oportunidad de buscar alternativas y perspectivas diferentes para resolver los problemas de los clientes de la empresa y de la propia empresa, una oportunidad de que estas perspectivas aporten una cuota de innovación en la compañía, y por último, una oportunidad de que más personas tengan igualdad de oportunidades a la hora de buscar un trabajo, pero también al momento de desarrollarse en el mundo laboral. Somos conscientes de que, en un mundo ideal, programas como este no deberían existir. Todos deberíamos abrazar la diversidad y esforzarnos por incluir, pero lo cierto es que distamos mucho de vivir en un mundo ideal y como individuos nos es más fácil quedarnos en nuestra "zona de confort". Entonces el dilema es ¿qué hacemos, dejamos las cosas en manos de la evolución social o tomamos cartas en el asunto y creamos programas como este? En nuestro caso, tomamos el segundo camino, simplemente porque no queremos quedarnos con los brazos cruzados esperando que las cosas cambien. Más bien, queremos cambiar el *statu quo* y creemos que podemos hacerlo acotado a nuestro ámbito de influencia. "Baby steps", pero pasos al fin.

Desde 2016 a la fecha tomé como voluntario esta responsabilidad en el lugar donde trabajo. Hago mi trabajo, que nada tiene que ver con esto, y también lidero este programa. Liderar un programa como este realmente cambió mi vida y de a poco muchos otros se fueron sumando. Cada uno aporta una parte. Ya dos padres pudieron diagnosticar a sus hijos debido a las charlas que brindamos. Contratamos 12 personas en la empresa especialistas en el trastorno del espectro autista. Dimos ya 18 oportunidades laborales y sumamos a otras dos compañías en Argentina y una en Costa Rica este año, que abrieron un programa similar y dieron casi 20 oportunidades laborales más. También ayudamos a expandir el programa en Chile, México y Colombia, y esperamos seguir ese curso.

Hoy en día más del 80% de las personas con autismo está desempleada. De ese 80%, más del 60% es capaz de realizar un trabajo como cualquier persona neurotípica, con virtudes y problemas como también ocurre con las personas neurotípicas. ¿O alguien en el mundo laboral puede afirmar que "los neurotípicos" no tienen problemas? Cabe preguntarse, entonces, por qué los contratamos. La respuesta es simple: "confort zone". Miedo a innovar. Costumbre.

Si esa es la respuesta, entonces no nos quejemos por pagar subsidios, porque del aire nadie puede vivir. No tengamos lástima de que están desempleadas; no es lo que estas personas necesitan. Más bien preguntémonos qué clase de sociedad queremos para nuestros hijos e hijas. Qué clase de sociedad querríamos si nuestros hijos e hijas no fueran incluidos por esta u otra razón. Desde mi humilde punto de vista, la respuesta es simple: una sociedad donde incluyamos a todos.

Esa sociedad la hacemos nosotros empezando con esos "baby steps" y aprovechando las oportunidades de convertirlos en "bold moves" tan pronto como se presenten.

En los últimos años y desde que mi hijo fue diagnosticado, el autismo cambió mi vida. Muchos desafíos y muchos logros en todo sentido. Este programa, además de gustarme y aportarme muchas satisfacciones personales, ayuda a cambiar cabezas, pero, sobre todo, me dejó ver que el autismo en mi hijo es un don. Un don distinto a muchos otros y que viene con muchos desafíos. No obstante, se trata de potenciar este don, no de evitarlo, de curarlo, o de amoldarlo a los parámetros estándar. Se trata de que él aprenda a aprovechar lo bueno que le trajo y no que lo viva como un problema. Beethoven amaba la música, pero nunca pudo disfrutarla porque la sociedad no lo apreciaba. Mi hijo no es Beethoven, es Guille, y quiero que él tenga una vida que, además de permitirle hacer lo que ame, pueda disfrutarla. Eso se logra cambiando el entorno y educando, y lo único que este artículo pretende es que nos abramos a eso.